和谐校园文化建设读本

当代中外小学教学法

周 雪 孙 颖/编著

吉林教育出版社

图书在版编目(CIP)数据

当代中外小学教学法／周雪，孙颖编著. —长春：
吉林教育出版社，2012.6（2022.10重印）
（和谐校园文化建设读本）
ISBN 978 - 7 - 5383 - 8998 - 2

Ⅰ. ①当… Ⅱ. ①周… ②孙… Ⅲ. ①小学 — 教学法
—世界 Ⅳ. ①G622.4

中国版本图书馆 CIP 数据核字（2012）第 116110 号

当代中外小学教学法
DANGDAI ZHONGWAI XIAOXUE JIAOXUEFA   周 雪 孙 颖 编著

策划编辑 刘 军   潘宏竹
责任编辑 张 瑜   **装帧设计** 王洪义

出版 吉林教育出版社(长春市同志街 1991 号　邮编　130021)
发行 吉林教育出版社
印刷 北京一鑫印务有限责任公司

开本 710 毫米×1000 毫米 1/16   **印张** 13   **字数** 165 千字
版次 2012 年 6 月第 1 版   **印次** 2022 年 10 月第 2 次印刷
书号 ISBN 978 - 7 - 5383 - 8998 - 2
定价 39.80 元

编　委　会

总 序

千秋基业，教育为本；源浚流畅，本固枝荣。

什么是校园文化？所谓"文化"是人类所创造的精神财富的总和，如文学、艺术、教育、科学等。而"校园文化"是人类所创造的一切精神财富在校园中的集中体现。"和谐校园文化建设"，贵在和谐，重在建设。

建设和谐的校园文化，就是要改变僵化死板的教学模式，要引导学生走出教室，走进自然，了解社会，感悟人生，逐步读懂人生、自然、社会这三本大书。

深化教育改革，加快教育发展，构建和谐校园文化，"路漫漫其修远兮"，奋斗正未有穷期。和谐校园文化建设的研究课题重大，意义重要，内涵丰富，是教育工作的一个永恒主题。和谐校园文化建设的实施方向正确，重点突出，是教育思想的根本转变和教育运行机制的全面更新。

我们出版的这套《和谐校园文化建设读本》，既有理论上的阐释，又有实践中的总结；既有学科领域的有益探索，又有教学管理方面的经验提炼；既有声情并茂的童年感悟；又有惟妙惟肖的机智幽默；既有古代哲人的至理名言，又有现代大师的谆谆教诲；既有自然科学各个领域的有趣知识；又有社会科学各个方面的启迪与感悟。笔触所及，涵盖了家庭教育、学校教育和社会教育的各个侧面以及教育教学工作的各个环节，全书立意深邃，观念新异，内容翔实，切合实际。

我们深信：广大中小学师生经过不平凡的奋斗历程，必将沐浴着时代的春风，吸吮着改革的甘露，认真地总结过去，正确地审视现在，科学地规划未来，以崭新的姿态向和谐校园文化建设的更高目标迈进。

让和谐校园文化之花灿然怒放！

本书编委会

目 录

第一章　教学法概述

第一节　教学与教学法

教学方法的理论是教学理论研究中不可缺少的重要组成部分。自从人类有教学活动开始，随之也就有了教学方法的创造和应用。在千百年的教学实践活动中，人们创造和总结出了难以计数的各种教学方法。

一、教学与教学法的定义

1. 教学

简单地说，教学是教师教，学生学，是在教师的组织、引导下，学生以课程为中介获得一定的知识和前人经验的活动，是实现教育目的的基本途径。在教学中，教师是组织者、领导者，起主导作用，学生是学习的主体，发挥主体作用，师生双方教与学的共同活动统一于教学过程中。历史上我国宋代欧阳修作《胡先生墓表》："……先生之徒最盛，其在湖州之学，弟子去来常数百人，各以其经转相传授，其教学之法最备……"它最早赋予"教"有教师传授，"学"有学生学习的含义。广义的教学包括在社会生活中人与人之间含有传授和学习某种经验的成分的活动，它与教育一词的含义相接近，在中国古籍中常用。狭义的教学是指有目的、有计划、有组织地传授与学习科学文化知识、技能，在此基础上发展学生的能力，增强学生的体力，培养学生的世界观与道德品质的活动。随着社会传播媒介的发展，除教师和学生直接进行交流活动外，教学活动还可以通过广播、电视、印刷等方式进行，教学的内容将更加丰富多彩。

没有教师的刺激和指导，儿童也能够学习。儿童在生活中，时刻受到环境的刺激而产生种种反应，又因反应的结果，学习各种事物。因此，有许多教育主张儿童的学习应是十分的自由，教师不应去干涉。儿童生来就有许多自然的动作倾向，让这些倾向充分地表现，据说就可以使儿童很好地学习。这种主张显然是完全错误的。儿童的自然动作倾向，固应常常在教学时利用，但完全让儿童依照冲动做事，就可能会引起时间的耗费，发生不正当的学习。况且有许多正当的学习，儿童不能够从这种自然动作中获得。要他们学习这些正当的事物，一定要教师去刺激、去指导。所以教师的刺激和指导，无论如何，是不可缺少的。

2. 教学法

要对儿童的学习采取适宜的刺激和指导，那么，教师一定要研究教学的方法。什么是方法？方法是一种确定的、有组织的、有目的的做事的手续。这种做事的手续，和盲目的杂乱无章的动作，完全相对。方法有好坏的分别，做事没有方法，固然得不到结果。但如果所用的方法不够适宜，则所得的结果，也一定不能够达到我们的目的。

教学方法是教学过程的基本要素之一，是教师和学生为达到一定的教学目标、实现一定的教学内容，在共同活动中所采用的教学方式、途径和手段。从教学过程的动态发展看，也可以将它看成是师生为达到某个确定的教学目的，由相互作用的活动而构成的相互关联的动作体系。教学方法的发展有着悠久的历史，它的变化更多的是一个渐进的过程，而不是一种本质上的剧烈变革。人们在某个时期倾向于采用某些教学方法是有各种原因的，例如文化的、教育的、个人的原因。在教学活动中，它是操作性最强的要素，但它不是各种教学技巧的杂乱组合，而是拥有一个起着协调整个教学过程作用的总体框架。现代教学方法的基本特点是理论联系实际，重视对学习的引导，启发学生的积极主动精神。我国中小学常用的教学方法有：讲授法、谈话法、讨论法、实验法，演示法等。近年来，随着国内外教学改革的不断深入，涌现了大批具有自己特色的教学方法，有的已得到了广泛传播，如发现法、六课型单元教学法等。现代教学方法正趋于不断丰富和完善。

二、教学法的分类

教学法的分类就是把多种多样的教学方法，按照一定的规则或标准，将它们归属为一个有内在联系的体系。

（一）国外学者的教学方法分类模式

1. 巴班斯基的教学方法分类

巴班斯基根据对人的活动的认识，认为教学活动包括这样的三种成分，即知识信息活动的组织、个人活动的调整、活动过程的随机检查。因此将教学方法划分为三大类：

（1）组织和自我组织学习认识活动的方法；

（2）激发学习和形成学习动机的方法；

（3）检查和自我检查教学效果的方法。

2. 拉斯卡的教学方法分类

分类的依据是新行为主义的学习理论，即刺激——反应联结理论。

依据在实现预期学习结果中的作用，学习刺激可分为 A、B、C、D 四种，据此相应地归类为四种基本的教学方法：

（1）呈现方法；

（2）实践方法；

（3）发现方法；

（4）强化方法。

3. 威斯顿和格兰顿的教学方法分类

根据教师与学生交流的媒介和手段，把教学方法分为四大类：

（1）以教师为中心的方法，主要包括讲授、提问、论证等方法；

（2）相互作用的方法，包括全班讨论、小组讨论、同伴教学、小组设计等方法；

（3）个体化的方法，如程序教学、单元教学、独立设计、计算机教学等；

（4）实践的方法，包括实验室学习、角色扮演、模拟和游戏、练习等方法。

（二）中国学者建构的教学方法分类模式

1. 李秉德教授主编《教学论》中的教学方法分类

李秉德教授按照教学方法的外部形态和这种形态下学生认识活动的特点，从中国学校教育教学实际和有利于教师选择运用的角度出发，将小学常用的教学方法分为五个类别：

（1）以语言传递信息为主的方法

这类教学方法，主要是通过教师运用口语，向学生教授知识、技能以及学生独立阅读书面语言为主体的教学方法。教师和学生之间教与学的知识信息传递，主要是靠书面语言和口头语言的表述来实现的。这也是中国目前小学教学过程中应用最为广泛的一类方法。这类教学方法在教学过程中主要有讲授法、谈话法、讨论法以及读书指导法等。

（2）以直接感知为主的方法

这类方法是教师通过对实物、直观教具的演示、组织教学参观等教学活动，使学生利用自己的各种感官，直接感知客观事物和现象而获得知识信息的方法。这类方法的突出特点是形象性、直观性、具体性和真实性。这类方法在教学中与以语言传递信息为主的方法结合运用，会使教学效果更佳。演示法和参观法是这类方法中主要的教学方法。

（3）以实际训练为主的方法

这类方法是以学生的实践活动为主要特征的。通过实践性教学活动，使学生的认识向深层次发展，巩固和完善学生的知识、技能和技巧。教学过程中这类方法主要有练习法、实验法、实习作业法等。

（4）以欣赏活动为主的方法

这类教学方法，是教师在教学活动中利用教学内容和艺术形式创设一定的情境，使学生通过体验客观事物的真、善、美，陶冶情操、兴趣、理想和审美能力的方法。它所运用的教学方法主要是欣赏法。欣赏法在各学科教学中表现为三种不同的类型：一是艺术美和自然美的欣赏（如音乐、美术、文学作品和大自然的欣赏）；二是道德行为的欣赏（如政治、历史、语文等教材中所表现的道德品质或社会品德的欣赏）；三是理智的欣赏（如科学研究中追求真理、严谨求实、发明创造、大胆探索精神的欣赏）。以欣赏活动为主的教学方法着重培养欣赏的鉴赏能力和社会价值观念。

（5）以引导探索为主的方法

这类教学方法主要是教师组织和引导学生通过独立的探究和研究活动而获取知识的方法。其特点在于学生在探索解决认识任务的过程中，他们的独立性得到了比较充分的发挥，从而逐步达到培养和发展学生的探索、研究、创新等方面的能力。在这类方法的实施过程中，教师引导学生尽可能地发挥自己在学习中的自主作用。教师的作用更重要的是体现在为学生设计探索研究的情境，提供相关的资料，引导学生开展有目的的探索活动，帮助学生形成"发现"的结论或结果。这类方法主要是发现法（也称探索法或研究法）。

2. 黄甫全教授提出的层次构成分类模式。

黄甫全教授认为，从具体到抽象，教学方法是由三个层次构成的，这三个层次是：

第一层次：原理性教学方法。解决教学规律、教学思想、新教学理论观念与学校教学实践直接的联系问题，是教学意识在教学实践中方法化的结果，例如：启发式、发现式、设计教学法、注入式方法等。

第二层次：技术性教学方法。向上可以接受原理性教学方法的指导，向下可以与不同学科的教学内容相结合构成操作性教学方法，在教学方法体系中发挥着中介性作用。例如：讲授法、谈话法、演示法、参观法、实验法、练习法、讨论法、读书指导法、实习作业法等。

第三层次：操作性教学方法。指学校不同学科教学中具有特殊性的具体的方法。例如：语文课的分散识字法、英语课的听说法、美术课的写生法、音乐课的视唱法等。

第二节　现代教学法的发展趋势

教学方法是教学论中的一个重要范畴，是教学活动的基础。从这种意义上说，教学方法的有效性关系到教学目的的实现与否及其程度。教学方法作为教学要素中较稳定的因素，它的变化是缓慢的。只有在它的上位理论迅速发展、教学实践水平发生质的飞跃或教学实践发生重大转向的情况下，教学方法的发展趋势才会显露出来。当今社会，从教学方法的上位理论看，系统科学（系统论、信息论、控制论）客观上与马克思主义的某些观点相一致，它可以并已经作为方法论来指导教学方法的发展，这使教学方法的上位理论得以更加丰富。从教学实践看，应试教育向素质教育转变，是教育教学实践的辩证发展和伟大超越。教学方法上位理论的空前繁荣和教学实践的超越性转向促进了教学方法的发展，同时，也为我们科学把握和有效预测教学方法的发展趋势提供了理论依据和现实基础。

一、从产生方式来看，教学法由归纳生成方式向演绎生成方式发展

1. 教学方法的两种不同生成方式

教学方法有两种不同的生成方式：一种是归纳生成方式，一种是演绎生成方式。归纳生成方式是指通过对众多教学经验和教学案例归纳、总结以生成教学方法的方式。这种生成方式所使用的思维方法是归纳法，如赫尔巴特的"五段教学法"。归纳生成方式是在许多教学经验基础上归纳总结生成教学方法的方式，因此又可以称之为经验生成方式；演绎生成方式是指首先设计一个科学严密的理论假设，然后通过教学实验来验证这一理论假设的科学性与可行性以生成教学方法的方式。这种生成方式所使用的思维方法是演绎法，如布鲁纳的"发现法"。

2. 归纳生成方式的历史局限性与演绎生成方式的历史进步性

在教学内容不断更新、教学形式日趋复杂、教学实践迅速发展的今天，仅仅通过对过去教学经验和教学案例总结、归纳的生成方式产生教学方法往往很难适应现在社会和未来社会对教学方法的要求。因为今天和未来的教学实践与以往的教学实践有着很大的差别，这不仅表现在"量"上，其中有许多方面发生了"质"的变化。另外，尽管归纳生成方式是从很多教学经验、案例中归纳总结出来的，具有很强的操作性，但带有浓厚的思辨色彩。而演绎生成方式是在对现在和未来教学方法的发展进行理性认识和科学预测的基础上，从科学的理论假设出发，并且用教学实验验证以生成教学方法的方式。它有丰富的理论基础，有比较完备的实验作为检验手段，具有科学严密性。同时它又是针对现在和未来的教学实践提出的，因此，更适应于现在和未来的教学实践。演绎（实验）生成方式在教学方法生成方式中的优势越来越明显，教学实验已经成为教学方法的基本来源和验证教学方法正确与否的试金石。因此，在现代教学实践中通过演绎生成方式产生教学方法已经成为教学方法产生的主要途径。

由于归纳生成方式具有明显的局限性，而演绎生成方式又适应于教学方法的发展要求，因此，演绎生成方式为国内外教育工作者所广泛采用。纵观现代国外教学方法，凡是较有价值的教学方法，都是在大量实验基础上形成和发展起来的。教学方法的生成方式由归纳生成方式向演绎生成方式发展已成为一个世界趋势。但这并不是说由归纳生成方式产生的教学方法已经过时了，如果能够在现代教学实践基础上将其进行科学筛选，然后加以理论升华，也可以成为适应现在和未来教学实践的教学方法。

二、从研究的重心看，教学方法由"要素研究"向"过程研究"发展

1. "要素研究"及其对教学方法的影响

教学的要素包括教师、学生和教学内容。传统教学论中总是首先确定教学活动有哪几个要素构成，然后将哪一要素作为中心进行探讨，确定该要素处于核心位置，其余要素处于从属地位；或哪些更重要就处于核心地位，其余的处于从属地位。教学论的大多数问题也都围绕这样一个思路展开。长期以来，确定哪一个（些）教学要素为"中心"成为不同学派、不同教学论发展时期的标志，促进了教学论的"要素研究"范式的形成和发展。教学要素中的中心要素的争论和历史"摇摆"，客观上转移了人们对教学活动本身的研究兴趣，而去研究一个或几个抽象的教学要素，使教学研究只能停留在哲学层次上。教学方法的研究由于受这种研究方式的影响，没有真正直接着眼于或服务于教学实践，而只是流于对教学要素及要素之间的关系的讨论，形成了一些看似正确，但对教学实践没有什么作用或没有什么直接作用的宏观理论体系。教学方法是直接涉及教学实践并且直接指导教学实践的方法，它需要直接研究教学活动的微观问题和具体问题，需要对教学中微观问题和具体问题作出科学的回答。而这正是教学方法研究不转变其"要素研究"的倾向难以做到的。

2. "要素研究"及教学方法研究重心向"过程研究"的转移

我们认为教学过程各要素只有在教学活动过程中，发生这样或那样的联系时才能表现出来。正如恩格斯所说的那样，"世界不是既成事物的集合体，而是过程的集合体……"忽视教学要素在教学活动中发生相互作用的具体过程，只能使教学方法研究越来越抽象，使教学方法难以进一步把握教学领域的微观问题和具体问题。随着系统思想的传播，"过程研究"越来越受到人们的重视。"过程研究"把事物作为一个整体，作为一个完整的过程进行把握，注意在活动过程中考查各阶段、各环节之间的联系，注意在研究中、系统中、活动中研究不同要素相互作用的方式和表现形式。在系统思想的影响下，教学方法研究的重心转到了"过程研究"。教学方法研究重心转移到"过程研究"后，它把教学的各个要素放在一个过程中进行研究。这与"要素研究"相比，更注重结构与功能、整体与部分、过程与状态以及信息与反馈的辩证关系、内在联系和过程性联系，从而避免了中心论对不同的教学要素造成的顾此失彼的现象以及由它造成的"中心"在不同要素之间"摆动"的现象。教学方法研究的重心由"要素研究"向"过程研究"转移已成了一个发展趋势。

三、从外在表现形式看，教学方法向多样化和综合化发展，教学方法体系向复杂化发展

1. 教学方法的多样化和综合化

教学方法的多样化表现在不同教学方法的数量上。实际教学中所使用的教学方法有上百种，没有一个固定的数量，而且现在教学实践中还不断有新的教学方法产生。从教学方法的历史发展来看，教学方法是沿着一个由无到有、由少到多的道路发展的，是随着教学活动的产生而产生，随着教学活动的发展而发展的。在中国古代和古希腊时期，只有问答、讲解、练习、复习等方法；到了资本主义时期，就产生了演示、观察、实验、参观等方法；到了现代，由于教学手段更新时间间隔缩短，教学实践发展迅速，心理学、脑科学逐渐成熟，因此更多的教学方法产生了，教学方法的发展呈现出多样化的趋势。众多的教学方法各有其特点与优点，单一的教学方法很难完成一项复杂的教学任务，这就要求具有不同特点的教学方法有机结合，取长补短，优势互补。由于教学方法之间存在互补性，在完成复杂教学任务时，综合运用多种教学方法是必要的。如果在完成一项教学任务时，几种教学方法不是拼合，而是融合，则会有新的教学方法产生。也就是说，根据有无新的教学方法产生，可以将教学方法的综合化形式分为拼合和融合两种方式，如：完成一堂课时，在复习旧知识阶段，可以用提问法；在导入新课阶段，可以用设问法；在感知新知识阶段，可以用直观法；在理解新知识阶段，可以用讲解法；在巩固新知识阶段，可以用读书指导法；在练习运用新知识阶段，可以用练习法和作业法。这些教学方法就是为完成一堂课的教学任务而拼合在一起的。发现法就是由许多数学方法融合而成的。在完成特定教学任务（培养学生的发现能力）时，将这些方法有机地结合起来，相对稳定的存在于一个教学方法体系之中，以后再完成类似教学任务这些方法就以一种独立方法的形式被运用，这时，我们就可以说些方法融合在一起了，并且产生了一种新的教学方法——发现法。随着社会对人才规格要求的提高，教学任务将更加复杂，复杂的教学任务对教学方法提出了更高的要求。教学方法综合化是教学方法运用的高级形式，综合运用教学方法对完成复杂的教学任务具有重要作用。因此教学方法综合化将成为教学方法发展的趋势。

教学方法综合化与教学方法多样化并不矛盾。不是说，教学方法综合运用后，被综合运用的教学方法就消失了，教学方法就变少了，即使是"融合"，不过是产生了一种新的教学方法而已，原来的教学方法仍然独立存在。这也正说明教学方法多样化与综合化的统一。

2. 教学方法结构的复杂化

教学方法的结构即教学方法的类别、层次及各类别、各层次之间的关系。随着教学方法数量的增多，教学方法的种类、层次也不断增多，教学方法结构日趋复杂。教学方法结构的复杂性表现在划分教学方法种类、层次的标准和依据的复杂性上。目前，比较有代表性的分类有：根据教学环节的分类，根据教学认识活动的分类；根据学习刺激的分类，根据教学认识活动的分类；根据获得知识来源的分类，根据学生掌握知识深度的分类，根据学科的分类等。此外，还有各成一见的分类，比较有代表性的有：桑代克的九分法，克拉克和斯塔尔的分类等。另外许多学者还把学习方法按层次划分，从不同标准、依据和角度对教学方法的分类构成了纵横交错的教学方法结构框架。随着教学方法划分依据和标准的增多，依据与标准自身的发展变化、角度的变换以及教学方法自身的丰富和发展，教学方法结构将日趋复杂化。当然这种结构的复杂化也不排斥存在一个或数个占主导地位的分类框架。

四、从直接价值表现形式看，教学方法由单维取向向多维取向发展

1. 教学方法的直接价值划分与教学方法横向价值取向的转变

教学方法的直接价值是满足学生发展的需要。根据教学方法对学生发展需要满足维度的不同，可以把教学方法的直接价值分为横向价值和纵向价值。教学方法的横向价值表现为：传授知识，发展智力，形成能力，发展情感，关注社会化和个性化。传统的教学方法在横向价值方面过分强调知识、智力和社会性，忽视能力、情感与个性，结果使培养出的人才有知识、缺文化，有学问、缺修养，有理论、缺行动。这种片面的教学方法横向价值局面的形成从教学方法来看，主要是过分强调记背式和单纯的讲授法所造成的。当然这是造成这种局面的直接原因，应试教育才是造成这种局面的根本原因。应试教育强化了这些单调的教学方法的选择和运用，对这些教学方法的偏好又强化了过分注重知识、智力和社会性的狭隘的横向价值取向。随着人文主义思潮的兴起，素质教育的推进，信息时代的来临和知识经济的发展，人们越来越认识到能力、情感和个性在现代社会中的重要性。现代人才的一个重要标志是具有鲜明的个性、丰富的想象力和创造性。这就要求教学方法在横向价值上向重视能力、情感、个性和创造性的价值取向发展。教学方法的横向价值取向的转变在教学方法上表现为教学中选择和运用适合学生全面素质发展的教学方法。反过来，适合学生全面素质发展的教学方法又促进了教学方法横向价值的全面实现。不同的教学方法对发展学生的不同素质的作用是不同的。相同的教学内容，用记背式、填鸭式和单纯的讲授式可能就是知识灌输，用演示法和实验法就可以在传授知识的同时培养学生的动手能力和操作能力，用发现法就可以培养学生发现问题、解决问题的能力，用情境法则可以陶冶学生的情操……教学方法的横向价值转向，并不是对知识、智力和社会性的否定，没有知识、智力和社会性做基础，能力、情感和个性就会失去依托。但教学方法的横向价值不能因此就仅停留在发展知识、智力和社会性等低层次素质的水平上，适应时代发展的需要，教学方法的横向价值开始向发展能力、情感、个性、创造性等更高层次的素质转变。

2. 教学方法的纵向价值的拓展

教学方法的纵向价值是教学方法对人的不同年龄阶段的发展的满足和终身发展的满足。传统的教学方法只注重教法，忽视学法。教学方法的纵向价值只表现在在校那段时间内。学生离校后，教学方法对他们就没有什么影响了。现代教学注重教法的同时，也重视学法。学生的学习不仅学到了知识，形成了能力，而且学到了如何学习，学到了学习方法，这对学生以后的学习和发展是有终身价值的。随着人们对学法的重视，教学方法的纵向价值开始由在校期间拓展到离校之后的所有时空。教学方法的纵向价值也开始由满足学生的阶段性需要向满足学生的终身需要发展。

随着教学方法的横向价值由片面地满足学生知识、智力和社会性发展需要向全面地满足学生的知识、智力、社会性、能力、情感和个性发展需要转变，以及教学方法的纵向价值由狭隘地满足学生在校期间的阶段性需要向满足学生的全程需要发展，教学方法的价值由满足学生阶段性的知识、智力和社会性等单维的狭隘需要，向满足学生全程性的知识、智力、社会性、能力、情感、个性和创造性等立体发展转变已成为一个时代趋势。

五、从教学手段的关系上看，教学方法由被动依赖教学手段向二者积极配合发展

教学方法和教学手段是密切联系的，这种联系主要表现在两方面：一方面，教学方法依存于教学手段；另一方面，教学手段通过教学方法发挥作用，不能离开教学的模式与方法来孤立地讨论媒体的作用。教学手段是指师生为实现教学目的，在进行教学活动时相互传递信息的工具、媒体和设备，它随信息传播手段的发展而发展。人类有史以来经历了四次信息传播革命，并且现在正在经历着第五次信息传播革命。五次信息传播革命都"革命性"地影响了或影响着教学手段的发展，同时也促进了教学方法的发展。前三次信息传播革命分别是语言传播、文字传播和印刷传播。这三次信息革命改变了信息革命前人类原始的主要借助于人的自身器官作为教学手段的局面，代之以语言和教科书作为教学手段。问答、练习、复习、演示、观察、实验、参观等教学方法在三次信息革命时期也陆续出现了。但在这三次信息传播革命时期，教学手段单调、有限，教学方法对教学手段的选择性小，教学方法在应用中显现出被动依赖教学手段的特点。第四次信息传播革命是模拟电子传播，主要传播手段是电报、电话、广播和电视。这次信息传播革命使电影、唱片、收音机、录音机、录像机等视听媒体进入课堂，大大突破了直接对象和人的感觉器官本身的局限性，标志着教学手段的发展进入现代化阶段。第五次信息传播革命是我们正在经历的数字化传播，主要传播手段是计算机、多媒体和网络技术。这次信息革命，综合了高新技术的通信卫星、信息高速公路等，正为教学手段带来新的突破，给人类教学领域展示着广阔的发展前景。第四、第五次信息传播革命期间产生了"纲要信号"图示法、微型教学、图例讲解法等与现代化教学手段密切相关的教学方法。在这两次信息革命中，教学方法与教学手段的联系与前三次相比有两个显著的特点。特点之一：新的教学方法往往产生于创造性地运用现代教学手段的过程中，而不是现代化信息传播手段作为教学手段引入课堂导致了教学方法的产生，如微型教学就是一例。人们把现代教学手段创造性地应用于师资培训，从而产生了一种新的教学方法——微型教学。特点之二：教学方法的创造性应用，才能真正使现代化教学手段的作用充分发挥出来。尽管同一种媒体载运的信号种类相同，但是教师使用媒体的方法不同，会得到差异很大的传播效果。从这两个特点可以看出，在这两次信息传播革命时期，教学手段对教学方法的支持更深入。与前三次信息革命时期相比，这两次信息传播革命时期教学方法与教学手段的关系由过去的前者对后者被动依赖转向二者的积极配合。

第三节　教学法的选择

由于对外开放和日益增多的国际交流，国外的教学理论、教学方法逐渐引进，为我国正在进行的教育改革，特别是教学方法的改革提供了借鉴。那么，在一节课上究竟选择哪种或哪些种教学方法最恰当呢？

一、选择教学法的原则

1. 个性适应原则

在过去，教学完全是以个别儿童为单位的。我国科举时代的私塾制度，在一个私塾里面，只有一个塾师，但学生年龄有大有小，程度有高有低，甚至所用的书籍，也不尽相同。塾师不能把全塾学生当作一个单位，因此他就不得不对学生施以个别的教学。无论上课或背书，塾师都叫学生走到他书桌旁边，而加以个别的处理，至于其他的学生，都各自读书。不仅在我国如此，早期欧洲各国的教育，也采用这种个别教学的方法。据说在1843年，德国采用个别教学方法的小学，尚有5844所之多。在个别教学的方法之下，教师以个别儿童为单位，个性适应的问题，尚未显露出来。

到了近代，教育要普及于全民，就不得不改用团体教学的方法。

团体的教学，把一个教室里的全体儿童，当作一个单位看待。因此其对于个性的适应比较困难，而个性适应的问题，遂成为十分严重的了。在任何年级内，单就能力而言，一定有几个儿童学习的速率较为迅速；又一定有几个儿童学习的速率较为缓慢。严格说来，没有两个儿童的学习速率是完全相同的。儿童个性的差异如此的巨大，但一般教师所采用的方针，仍不外乎以下三种：教学以全班的平均程度为标准；教学时只顾到学习效率高的儿童；教学时只顾到学习效率低的儿童。可是这三种教学方法，都是不公平的，而且不符合机会均等的原则。若教学以全班平均程度为标准，试问一班之中究竟有没有平均程度的儿童？平均程度的儿童，完全是一种幻想上的儿童。在实际中，并没有这种儿童的存在。因此用这种方法来适应全班的儿童，结果就变成不能适应任何儿童的能力。若教学只顾到学习效率低的儿童，学习效率高的儿童无事可做，就因此可以养成不注意和懒惰等不良的习惯？若教学只顾到学习效率高的儿童，则坐视学习效率低的儿童因考试不及格而留级或辍学，也不符合教育本旨。所以这些教学方针，都不是妥善的方法。

个性适应原则，是要教师把个别的儿童分别作为教学的对象。这在团体教学的制度之下，是非常困难的，但在道德上必须如此。因为教师所教学的，是这个和那个儿童，绝不是一种抽象的所谓班级的集体。

2. 自动原则

一切的学习，都是儿童对于动境继续反应的结果。其最普通的说法，就是儿童通过实践而学习。这种原则在教学方法上的应用，即谓教师只可帮助、鼓励或指导儿童实践，却不可替儿童实践。以前对于教学方法的研究，往往着重于教师的活动——仅仅去注意怎样提示教材或怎样讲解。现在我们才知道学习并不是一件被动吸收的事情，而渐渐注意到儿童自己的活动。这是现代自动原则对于教学方法所产生的影响。

所谓自动不是仅仅指身体的动作而言，凡是儿童的心理的反应，如思想、感情等，均可称为自动。因此有学者提出"教学做合一"的理论。其中"做"不仅仅指身体的动作，"教学做合一"也不仅仅指直接经验的学习，也指能得到他人经验的益处。

3. 类化原则

类化原则有两种含义：

第一，不论教师说一句话或写一个字，儿童都用其心里所联想到的旧经验，来解释其意义。同是一句话或一个字，各人因联想到的旧经验不同，其所发生的意义也很不一致。即对于同一的人，因所唤起的旧经验随时而异，也会在不同的时间内，起种种不同的反应。例如：教师在黑板上写"苹果"，有些儿童立刻联想到水果，有些儿童联想到某电子产品的品牌。

第二，教师须先供给所需的实在经验，然后再教新的教材。凡是新的学习，须建立在儿童旧经验的上面。若教师在教学之前，把儿童的旧的知识预先研究，则他一定会发现有许多极平常的事物，不能为我们自己所了解。研究发现波士顿初入小学的儿童，发现有 19％不懂什么是鸡，有 77％不懂什么是乌鸦，有 78％不懂什么是露水。依类化原则，若是教师发现这种情形，他就应先供给儿童以各种实在的经验，然后再进行教材的教学。

小学为什么要常用沙盘、图画、实物来帮助教学？为什么要配备各种供给具体知识的读物？为什么要常带儿童去参观去旅行？为什么小学低年级都注重供给实在的经验？简单的回答是：这些方法的目的，都是要筑成良好的类化基础。到了较高的年级，许多教学上的困难，都是由于类化基础不良而产生的。所以筑成良好的类化基础，是基础教育的重要责任。

4. 准备原则

准备原则有两种含义：

第一，要使儿童对于教材起适宜的反应，教师须先引导儿童的思路，使之回忆适当的旧经验，来解释新的教材。我们做数学题时，有时思路错误，没有方法去解决，但后来我们改变了思路，用另外一种定理去证明，便觉得很容易了。由此可见引导思路的重要性。在这一种含义上，准备原则实际就是类化原则的应用。所谓"引导儿童的思路，使之回忆适当的旧经验，来解释新的教材"，其意思就是说，教师在教学之前，应先设法使儿童的旧有经验，凡与新的教材有关者，准备起来而与新的教材相融化。引导儿童思路的方法，主要有以下几种：

（1）把从前学过的与本课有关系的事件提出来略说一遍；

（2）叙述现在学习的题目或问题；

（3）用复习式问答的方法，唤起儿童有关的旧经验。

赫尔巴特的五段教学法，其第一阶段的用意，就在这个地方。在这一种含义上的准备原则，我们可称之为思路的准备。

第二，在教学之前，教师须先引起儿童适宜的心向，或克伯屈所谓"心向着一个目的"的一种态度。所谓"引起动机"，也就是这个意思。某教师在讲述标点的用法之前，先讲一个故事，学生们听了这个故事，就兴味盎然，集中心思去听教师的讲解了。除了讲述故事之外，最普通的引起心向或动机的方法有以下几种：

（1）利用偶发事项；

（2）引进儿童所最喜从事的活动；

（3）利用适合时令的教材。

就这一种含义而言，准备原则是属于情绪方面的，我们可称之为情绪的准备。

思路的准备和情绪的准备，代表准备原则的两个方面，而在实际上都很难分离的。如果儿童对于所学习的事物已产生一种强烈的欲望，而一心一意去学习（情绪的准备），则他的心向能使所有的旧经验，凡与所学习的有关者，全都准备，而同时使所有无关系的旧经验不准备（思路的准备）。

所以引起适宜的心向，是引导儿童思路的最佳方法。赫尔巴特的五段教学法，注重思路的准备，而现代教学的新趋势，却侧重情绪的准备，因为情绪的准备自然地会引导适宜的思路。

5. 努力原则

不论学习何种事物，总会遭遇到若干困难，要克服这些困难，他们不仅要努力，并且要有百折不回的精神，持续地努力，直至困难完全克服而后止。怎样激起学生持续的努力？这是每一教师所首先需要解决的教学问题。

学生是否努力于学习，视其兴趣如何而定。兴趣的厚薄与努力的多寡，往往成正比。克伯屈说："兴趣与努力皆为应付困难之健全活动中所同俱，自对于目的之情绪的热忱言之，谓之兴趣，自困难当前自我之坚忍前进言之，谓之努力。兴趣与努力，实为同一进行的活动之两面。"这样看来，所谓努力原则，实即兴趣原则。之所以改用努力原则一词，是因为兴趣一词，易被误解。最普通的见解，以为使儿童有兴趣，一定要娱悦学生，凡可以使学生对于事物有兴趣者，无可不为，依这种见解所得的教学结果，完全是放纵学生，养成种种不良的习惯。所谓糖衣教育，即指此而言。

真正的兴趣教育，并不就等于糖衣教育。我们对于兴趣一词可以这样解释：对于某种活动觉得极有价值而值得努力去从事——这一种感情便是兴趣。照这样看，兴趣是激起儿童努力学习的必要条件。依努力原则来教学，我们只须注意"如何引起，维持及加强学生的学习兴趣"这一件事情。

6.熟练原则

熟练原则是莫里森所最注重的一个教学概念。所谓熟练，是指完全学习的意思。学生或是已经学习，或是还没有学习。学习了以后，学生对于环境的适应，就应该完全和以前不同。真正学习的结果，一定能永久保持，并在日常生活中时时应用。以莫里森的主张，若是学生仅学习了一半或快要学习纯熟，却尚未达到完全纯熟，则教师的任务就尚未完了，仍须继续地教学。简单地说，所谓熟练，就是要把教学的目标彻底地实现——就是要使得所寻求的教学结果，不论是一种习惯、技能、知识、态度还是欣赏，都为学生所完全获得。熟练注重真正的学习，熟练又是一种彻底的原则，和普通以六十分为及格的不彻底的教学完全相对峙。

莫里森的熟练公式，就是"预测验→教学→测验结果→适应教学手续→再教学→再测验→真正学习"。这公式是什么意思？就是说在教学之前，教师应先决定什么是直接寻求的教学结果；其次，他应预先测验儿童的旧有经验，以使新的学习建筑在儿童旧的经验上面。这就是应用前面讲过的类化原则。等到教学过了之后，他又须测验结果。

若是结果不完善，他更须改变教学的手续，来适应儿童特殊的困难，一直到完全真正学习为止。

7. 同时学习原则

所谓同时学习，就是说儿童在同一时间内所学习的事物，不止一项。例如：教冠词时，在一般教师看来，以为要儿童学习的事物，只有冠词而已。因此教师也仅仅希望儿童学会冠词的用法，却不再注意其他的事项。但在事实上，儿童所同时学习到的事物，除了冠词的用法之外，还有种种的态度和习惯，例如：对于英语功课的态度，对于教师的态度，不注意的习惯，懒惰等等。这些态度和习惯的学习，常常是不能避免的，因此教师也应该加以注意。简单说来，同时学习原则的要义，就是教师不应仅注意于所要教的事物，而应注意到儿童学习活动的全部。

同时学习分为三类：

第一类叫作主学习，即指直接寻求的教学结果而言。上面所述的冠词的讲授，就是主学习的一种。主学习或为一项技能，或为一项知识，或为一种欣赏，视教学的目的和功课的性质而定。

第二类叫作副学习，是指和所研究的功课有关系的思想和观念。例如：教冠词时，一些学生也许会联想到单词的复数，这种联想到的思想和观念，本身固有很大的价值，却超出了所研究的功课范围。所以教师不便即刻把这些联想到的事项加以讲解，而在下次教学或一两个星期后的教学，便可利用这种联想。有些教师听见学生提出联想到的不属于本课范围的问题，常常加以斥责，这是很不对的，因为学生联想不属于本课范围的问题，正是学生心智发展的表征。由此可见，学生的兴趣已得到逐渐的推广，教师正可趁此机会，利用这些新的兴趣，以准备此后的教学。教师对于这种联想，应该去鼓励，而不应该去压抑。

第三类叫作附学习。这类最为重要。学生在上课时所养成的重要理想和态度，如对功课、教师或同学所抱的态度。所谓道德教育或品性训练，大部分是偶然教学的结果，所以教师对于附学习，也要负很大的责任。

8. 社化原则

数十名学生在同一教室内学习，原是一种团体的生活。但是一般的教师并不会把这种团体生活好好地利用，以致学生各自读书，并不懂得合作。我们应该要救治这种通病，使学生觉得学习是全班共同的事业。在过去，学生仅仅是由教师负责的。如今我们要改变学生的责任观念，他们不但要由教师负责，还要对团体负责。每一名学生，要尽其团体一分子的责任。他们更应把团体的成功当作自己的成功，团体的失败当作自己的失败。教师要努力发展此种团体的感情，并充分利用合作的学习方式，这便是社化原则的含义。

若加以仔细地研究，我们发现社化原则和同时学习原则具有若干共同之点。社化原则注重在发展若干团体生活中所最珍视的品性，如负责、牺牲成见、合作、服从多数等。但是这些品性的获得，乃是附学习的结果，所以同时学习原则和社化原则，都指出一件重要的事实，就是教师眼光应该要放远，不宜专注于所教的教材而时时刻刻记着教育的基本功能。教育的基本功能，是使学生社化——使儿童获得团体生活中所最珍视的种种品性，使其成为有效率的"社会人"。至于教师每次的教室教学，除了发展教材知识之外，对于此种社化的历程，总会产生若干好或坏的影响。

社化原则又是与个性适应原则互相补充的。个性适应原则，要求教师的指导工作到达于每一个儿童，却因为过分注重个性学习的缘故，最易引起对于社化历程的忽视。其实，社化和个性适应这两个概念，在本质上并不冲突。教师理应把每一个儿童作为教学的对象，同时又要充分利用团体合作，以促进社化的历程，尤其注意防止自私、嫉妒等反社会的品性的发展。

二、选择教学法的依据

1. 从具体的教学目标或教学要求出发

对教学方法的选择直接起作用的应是教学目标。每节课的教学目标和要求不同，采用的教学方法就不一样，每个教学目标都需要有与该项目相称的教学方法。如果是要求学生掌握基本的概念、原理，可以言语讲授为主；如果是要求培养学生发现问题、解决问题的能力，则须创设必要的问题情境；如果要求学生形成某种动作技能，就得在讲解要点的同时，予以恰当的动作示范。巴班斯基说过，每种教学方法就其本质来说，都是相对辩证的，它们都有优缺点，每种方法都可能有效地解决某些问题，而解决另一些问题则无效，每种方法都可能会有助于达到某种目的，却妨碍达到另一些目的。

2. 从学科特点和教学内容出发

依据学科的特点来选择教学方法，就是依据学科的性质和教材的特点来选择方法。属于自然科学的学科，常常采用实验的方法，属于社会科学的学科，常采用听、读、说、写的讲授方法。而音乐、美术、体育等学科，就不能采用讲授为主的教学方法，需要讲练结合、精讲多练的教学方法。

各学科不同章节的教材，内容不同，采用的教学方法也应有所区别，例如：数学要讲的内容是公式、定理、法则，教师可采用以讲解为主的教学方法，让学生明确这些基本概念；如果主要是培养学生的计算能力，并通过计算印证数学上的一些基本概念，则可以采用练习的方法。

3. 依据学生的特征

依据学生的心理特征。学生的年龄不同，学习的心理过程也不同。这主要是由于学生年龄差异所造成的在心理发展水平上的差异。

依据学生的知识基础。现代认知心理学十分强调学生已掌握的知识及其构成方式（认知结构）对新知识学习的迁移作用，因此，依据学生原有的知识基础或认知结构选择教学方法显得十分重要。所以，无论是新方法的采用或是老方法的改革，都要考虑学生原有的基础和学习习惯，否则很可能造成教学失败。当然，选用教学方法也并非意味着只是消极地适应学生现有的水平，应在调动学生积极性的前提下，选择能够促进学生能力发展的有效方法。

4. 依据学校和教师的具体条件

各个学校的教学设备、师资条件、班级特点、学生素质都不尽相同，教学方法的选用也应有所差异。如有些地区经济较为落后，学校理、化、生的实验设备缺乏，学生分组实验仍有困难，教师此时可只进行演示；如果演示也困难，可采用图示，如果实验设备完善，教师应尽可能地使所有学生都动手操作。

5. 依据教师本身的条件

从某种意义上说，教学方法只是一种工具，教师在实践中总是以自己独有的特性去影响教学方法的选择。例如：有的教师语言生动形象，幽默有趣，讲话逻辑性强，就可以多采用一些讲述或讲解的方法，把事物描绘得生动具体，然后由浅入深，提示事物的内在规律。有的教师不善于作具体形象的语言描述，却长于运用直观教具的演示，引导学生学会仔细地观察，也同样清晰地讲清了问题。教师本身的特性允许他们可以着重运用某些方法。在实践中应反对不求甚解、东施效颦地搬用某些方法，但也应反对故步自封、敝帚自珍地始终采用那几种方法。

第二章　教学的技巧

第一节　教学的准备

课堂教学是学校传授知识、培养能力、发展智力和体力、提高思想觉悟的基本组织形式和主要途径。课堂教学活动的过程是复杂而细致的，没有充分的备课就不可能正确有效地完成教学任务。

一、课前准备工作的内容

备课在整个课堂教学工作中是十分重要的一环。在既定的教师水平、学生基础和教材内容的条件下，教师是否备好课，是能否教好课的前提和保证。教师认真备课和善于备课，是迅速提高课堂教学技艺的先决条件。它应遵循下列要求：

1. 钻研教学大纲和教材，掌握教学目的要求

教学是有计划有目的的活动。教学的一切活动都是为了实现确定的教学目的。要根据教学大纲和教材内容所确定的教学目的，决定教什么，不教什么，以及怎样教。凡是与教学目的无关的或不利于实现教学目的的讲授内容和教学方法，均要予以舍弃。那种讲课千言，离题万里，看起来很热闹，而目的却达不到的情况，往往和教师备课的指导思想不当有关。这样的教师，常常是备课不太重视教学目的的决定性，遇到一些和教学目的无关的而自己感兴趣的知识，就不忍割爱，

总想把自己有兴趣的知识讲给学生。

教师钻研教学大纲和教材，不是为了自身增长知识，而是为了向学生传授知识和培育人才，这就需要通过钻研教学大纲和教材，掌握教学大纲和教材所要求的教学目的和要求。明确在教学中，使学生学习什么和解决什么。这里包括：弄懂什么——理论、原理、定理、法则、公式、规律等；学会什么——技能、技巧；发展什么——智力、能力；培养什么——道德品质、习惯；形成什么——思想观点和世界观。如果教师不能做到这一点，教学就是盲目的活动，教学目的就无法实现。所以教师必须通过备课，掌握教学目的要求，并转化为教师进行教学活动的指导思想。

2. 熟悉教学大纲和教材，掌握教学内容

教学要达到教学目的，完成教学任务，主要是通过使学生掌握教材内容来实现的。因此，教师在教学中所教的内容，要以教材的内容为中心，围绕如何使学生理解和掌握教材来准备教学内容。这就要求教师必须在教学大纲的指导下，感知教材，理解教材，进而牢固地掌握教材所规定的教学内容。教学大纲规定了本学科总的目的要求和总体原则，并规定了学生必须掌握的知识内容和范围。因此，教师必须熟知教学大纲，并在教学大纲精神的指导下熟悉教材。

熟悉，这意味着对教学大纲和教材要从具体到抽象、从抽象再到具体，通过多次地比较、分析、综合、概括，前后联系起来思考研究。对教材中的一些基本概念，要弄清是如何论证或推导出来的，以及其运用范围等。熟悉教材的过程，是一个反复研究、逐步深入地掌握教材内容的过程。如果教师对教材中的知识还不懂、不会，就不能把学生教懂、教会。所以教师必须熟悉教材，把教材中的知识转化为自己的知识。

3. 熟悉学生，了解教育对象，做到"有的放矢"

教师备课中明确教学目的，掌握教学内容和教学方法，是为了使学生能够正确地理解和掌握教学内容。因此，备课必须充分考虑自己的教学对象，考虑学生的特点和接受能力，研究如何创造条件，使一些不易接受的难点、重点内容变为容易接受的内容，使学生听懂、学会。有些教师的科学知识雄厚，学识渊博，但其教学效果不佳，究其原因，常和这些教师备课中缺乏这一观点分不开。

教师为了使自己的教学符合实际，有的放矢，必须全面深入地了解自己的教学对象。教师主要应了解学生原有的学习基础，如他们的学习质量、学习态度和方法、思想面貌、个性特点和健康状况等等；在了解全班学生的基础上，还应对学生的学习情况加以分类，并选择好各类学生中的代表；着重对他们在学习上的优缺点进行细致的分析和研究，以便在课堂上加以指导，并通过提高他们的学习质量来带动同类的其他学生，最后达到全班学生都得到提高和发展的目的。教师熟悉学生的目的，是为了备课有针对性，能符合学生实际地确定教学目标，设计教学方案，确定教材重点和难点以及选择切合学生实际需要的教学方法。

4. 研究和掌握教学方法

教学必须通过一定的教学方法使学生掌握教学内容，完成教学任务。备课中拟采用什么样的教学方法，必须充分考虑能否适应本节课教学内容的需要和学生的水平，能否有利于完成教学任务，达到教学目的。一切不适应当前教学条件和教学需要的教学方法，都会是形式主义的，不可能达到预期的教学目的。备课时不能离开教学目的、教学内容和学生的情况，盲目地照搬他人的教学方法。

教师备课中，对教学方法的研究和准备，必须首先在掌握教学目的的基础上，研究教学内容与学生的实际情况，找到学生的知与不知的矛盾焦点，知学生之所不知及向知的方面转化的条件；要着重抓好学生认识上的难点、重点和疑点以及"难"和"疑"之所在——为什么难，为什么会有疑难问题；特别要着重于重点问题上的难点与疑点的研究和解决。

在抓住矛盾问题之所在后，就要研究如何运用适当的教学方法，给学生创造条件，促使学生的知与不知的矛盾获得转化。

为使学生接受教学内容，选择教学方法，应从多方面考虑。例如：如何提出问题，创造情境，激发疑问，引起动机，启发思考，调动学生的积极性；如何利用直观教具，搞好演示实验，为学生感知教材创造条件；如何通过剖析、解释、类比、辨异等方法，使学生突破难点，解决疑点；如何通盘设计好整个教学活动过程，遵循教材内容的逻辑系统和学生认识事物的序列，安排好整个教学活动过程，使学生循序渐进地掌握知识技能，发展智力，形成正确的思想观点。

备课中，对教学方法的选择，要遵循教学规律，贯彻教学原则，充分考虑此时此刻的教学目的、教学内容及学生的可接受情况。每次教学，各方面的实际情况是发展变化的，相应的教学方法也应是发展变化的，切勿墨守成规，千篇一律。

5. 编写教案，熟悉教案和教具

教案是教师实施教学活动的具体方案。编写教案，可以使教师在备课中所考虑的各种教学活动设想，经过进一步的推敲，使之条理化、科学化，明确地体现于教案的文字之中。这是使教师的备课更加系统、准确和深刻的重要一步。写成教案，又为课堂教学实践活动提供了备忘材料。

教案一般要反映出教学的目的要求，教学的重点及实施的步骤与方法。教师根据自己的实际经验和工作特点，教案应有详有略，不宜过于烦琐，应系统、鲜明、实用。

写出教案后，还要熟悉教案，使教案中的内容融化在自己的脑子里，做到讲课不离教案，但基本上不看教案；否则课堂教学活动，手不离课本，目不离教案，总是照本宣科，学生听起来一定会感到枯燥无味。熟悉教案，除了要熟悉教案所写的内容外，还应使教案反映的内容在自己的脑子里过过"电影"；通过想象，把自己带入实际课堂的意境之中，想象出：在面向学生的教学活动中，如何激疑、答问、启发、诱导；如何运用科学的语言，使学生明确概念，以及运用生动形象的语言，感染学生。

同时，对课内所需要的各种教具，要做好准备；要熟悉教具的性能、特点及演示方法，做好功能检查和试验性演示；遇到故障和难题，要在课前及时解决，保证课堂演示能够顺利进行。教师经过编写教案，熟悉教案和教具，使自己形成现实的教学能力和技艺，最后完成课堂教学准备工作。

钻研教材、了解学生、研究设计教学方法、熟悉场地、器材是相互促进不可分割的几个方面；其中吃透教材是提高教学效果的前提，了解学生是教学的出发点，在此基础上，才能恰当地选择教法，科学有效地发挥场地和器材的作用。

二、课前准备工作的表现形式

课前准备阶段所需要做的几项工作只是思想和心理意义上的活动，必须通过一定形式体现出来，写出下列计划。

1. 教学计划

教学计划以前称为"学期（或学生）的教学进度计划"。1992 年国家颁布新的课程计划之后，把以前的"教学计划"一词更名为"课程计划"，"学年或学期教学进度计划"改为"教学计划"。它要在学年或学期开始前制订出来，一般分为两部分。第一部分是说明，主要包括学生基本情况的分析，本学期或学年教学目的和任务、教学的指导思想、教育教学的改革措施等；第二部分是计划的主体部分，包括每章每节的课题，教学时数或教学时间的具体安排，考查、考试及复习日期，各课题所需要的直观教具等等。

教学计划大都是表格式的，由教师使用时填写，也有的是运用条文的形式进行简要叙述。无论什么样的形式，都要切合实际，方便执行。表格式的教学计划一般是这样：

×× 学期教学计划 ×年×月×日

科目		班级		任课教师	
课本名称		编辑者		出版者	
本学期要达到的教学目的					

周次	起讫月日	教学时数	教材纲要	作业及其他	备注
1	××——××				
2	××——××				
3	××——××				
4	××——××				
5	××——××				
6	××——××				
7	××——××				
8	××——××				
9	××——××				
10	××——××				
11	××——××				
12	××——××				
13	××——××				
14	××——××				
15	××——××				
16	××——××				
17	××——××				
18	××——××				
19	××——××				
20	××——××				

2. 单元（或课题）计划

在制订好教学计划之后，教师还要对每个课题或单元通盘考虑，做好单元备课，制订好单元教学计划。课题教学计划一般包括：课题名称、教学的目的、课时的划分、课的类型、课题所必须的教具和所采用的教学方法等。

单元（或课题）教学计划

周次	课题名称与总时数	教学目的与要求	各课时的主要内容	各课时采用的方法	电化教学手段	各课时采用的课型	教学建议

3. 课时计划（教案）

课时计划通常指教师为某一节课所拟定的上课计划，也称教案。教案是教师上课的主要依据，是提高课堂教学质量的关键；写好教案是教师备课最深入、最具体、最直接的步骤，也是保证教学秩序有条不紊的依据。教案主要包括班级、学科的名称和课题、授课时间、教学目的、课的类型、教学方法、教具、教学内容的安排、教学活动的进程、时间的分配、备注等。

教案有详有略，主要取决于教师的教学水平和经验。任何一位教师，上课之前都要写出教案，这既是上课的需要，也是教师以后教学的参考资料和总结教学经验的重要依据。教案还是领导检查、督促教学工作的必备资料。在教案的编写过程中，我们提倡教师之间相互磋商、取长补短、共同提高。教案的格式一般为：

教　案

班级		科目		任课教师		日期	
课题				课时			
教学目标	知识目标		能力目标		思想品德目标		
课的类型							
教法和教具							
重点、难点和关键							
教学进程	教学内容			时间分配			

三、课前准备工作的意义

课前准备阶段是指教师根据教学大纲的要求和本门学科的特点，结合学生的具体情况，认真钻研教材，选择最合适的教学方法、表达方法和顺序，以保证学生有效地学习，以达到最佳的教学效果。

课前准备是上好课的前提，也是教学质量的重要保证。通过准备性工作，能够加强教学的目的性、计划性和预见性，充分发挥教师的主导作用，调动学生的积极性，这就为教学质量的提高打下了坚实的基础。

课前准备是教师的一种创造性工作，也是教学能力形成的过程。教师通过钻研教学大纲和教材，掌握教材的重点和难点，并研究教学目的、学生实际情况，找到适应学生接受能力的教学内容、促进学生智力发展、实现教学目的的途径。长年坚持下去，教师就会不断地总结经验，提高科学知识水平和业务能力。

教师能否认真做好上课前的准备性工作，也是衡量教师的觉悟和工作态度的重要尺度。尤其是目前，科学技术飞速发展，教学内容、教学手段和学生的身心发展都是不断变化的。因此，不仅对新教材要认真备课，对比较熟悉的教材也要认真准备和充实提高。只有这样，教学水平才能不断提高，真正达到炉火纯青的境地。

第二节 教学的过程

一、上好课的基本要求

课堂教学是完成教学任务的主要途径，是整个教学工作的中心环节。因此，能否上好课会直接影响整个教学质量。然而，上好一堂课的因素颇为复杂。就教师来说，包括教师的教育事业心、责任心，教师的情感、品德修养、文化水平、工作经验等等；就学生来说，包括学生的年龄特点、文化基础、智力发展水平、学习目的、学习态度、方法、兴趣、习惯等等；就教材来说，包括教材内容的科学性、思想性、对师生的适应性等等。此外还有班级风气、教师备课条件以及教学卫生条件（如照明、气温）等。在既定的师资素质、学生素质、教材内容以及各种物质设备条件下，有必要强调如下基本要求：

1. 目的明确

上好课的先决条件在于有一个清晰、明确的教学目的，即教师应时刻注意教什么，怎么教，最后达到什么目的。明确的教学目的关键在于钻研教学大纲与教材，深刻掌握教学大纲和教学的内在要求。在有些教学参考资料中，往往明确指出了每单元的教学目的和要求，但教师如果不深入钻研教学大纲和教材，就不能具体掌握哪些教学内容与哪些教学目的有内在联系，因此，即使把参考资料上的教学目的抄在教案上，自己的课堂教学目的也可能游离于内容、任务之外。一堂课的教学目的是多方面的，比如，传授知识、培养技能、发展能力、进行思想教育等。但在实际教学中不是一项一项地单独去完成的，而是综合地融贯于课堂教学之中。也正因为课堂教学是师生的共同活动，因而教师应注意到：课堂教学目的不但教师要明确，还应使学生知道。师生的一切活动都应始终围绕教学目的，保证教学任务的实现。

2. 内容正确

内容正确是指教师要正确地阐明教学内容，因为教师的教学目的主要是通过使学生正确地理解和掌握教学内容来实现的，即明确教学目的后，教师要深入研究教材，准确理解每一个科学概念、原理、原则、公式和规律，了解教材每部分在整体中的地位和作用，前后各部分的因果联系及其发展序列，抓住教材中的重点、难点。这样在教学过程中才能做到既能讲清科学概念和规律，又能掌握观点与材料的内在联系，才能突出重点，使学生准确理解概念和规律并形成正确的思想观点。

3. 方法灵活适当

教学的具体条件不同，教学方法的运用也应有所区别，即在课堂上灵活选择教学方法。当学生对教学内容认识不足、学习态度不积极时，就要善于提出有趣味性的课题，激发学生学习的需要，调动他们的学习积极性；当教师讲到全课的关键性问题时，就要通过一定方式引起全班同学集中精神，力求使每个学生都能积极思考主要问题；如果有些问题学生不易理解，就要采取通俗化的讲解方法，辅以生动活泼的直观教学，使学生深入浅出地掌握知识；当学生具有一定的知识和经验时，就要尽可能通过谈话法和讨论法，引导学生通过思考和互相讨论，探索问题，解决问题，锻炼他们独立自学的能力，促进其智力的发展。一般说来，一节课不能用一种固定不变的方法，而应采取多种教学方法才能完成教学任务。此外，教学方法的选择除应服从于教学目的和任务，还要适应学生的年龄特点。

4. 课堂组织严密紧凑

严密、紧凑的课堂组织，主要体现在两个方面：

其一，要处理好课堂中人与人、人与物的相互关系，使各方面的作用得以充分发挥。例如：教师与学生之间的教与学相互配合得好，就能把一名学生学习的经验和教训转化为全班学生的经验和教训，使大家都能接受。此外，教师还要研究如何使全班学生的思维都活跃起来，而不是教师或少数学生在活动。研究在什么条件下利用各种教具，使学生自己直接观察，独立思考，在什么条件下，由学生共同讨论等。

其二，要注意将教学活动的各个环节组织得一环扣一环，前后接应，相互衔接，不浪费一分钟时间，从复习旧课到引入新课，从提问到板书，从巩固练习到课外作业都要严密紧凑。

5. 师生作用要充分发挥

课堂教学活动的效果和质量取决于教师和学生的作用是否得到充

分发挥。教师对学生发挥作用的前提条件是师生对教学活动都具有积极性。比如，教师对学生是否热情，是否有责任心，是否有良好的工作情绪；学生是否有学习的兴趣，求知欲是否强烈。只有师生双方都有积极性，才能把各自的作用发挥出来。

教师不但要把学生的积极性充分调动起来，而且还要把学生在学习中的主体作用充分体现出来。学生不是接受知识的容器，也不仅仅是受教育的对象，他们是教学活动能动的参加者，只有学生积极主动地注意问题，观察问题，思考问题，独立动手动脑，才能融会贯通地掌握知识。

二、基本的教学技能

课堂教学是一个多因素、多层次组成的系统。从不同侧面、不同角度对课堂教学的众多方面进行设计，这是上好课的前提和基础。如何使良好的设计方案转化为具体的实践活动，使教学过程真正成为传递信息的动态系统，必须借助一定的活动方式——教学技能。教学技能是指教师在课堂教学中，为顺利完成教学任务，依据教学理论、专业知识和教学经验，经过实践训练而形成的一系列教学活动方式。

教学技能的种类众多，有多少个分类标准，就有多少个教学技能体系。我们依据课堂教学作为信息交流的过程，可把教学技能分为两类，即基本教学技能和特殊教学技能。基本教学技能包括：导入新课技能、教学语言技能、板书技能、教态变化技能、教学演示技能、举例技能、提问技能、总结技能、组织教学技能；特殊教学技能即计算机辅助教学技能。

1. 导入新课技能

导入新课技能是教师在上课之始或开设新学科、进入新单元、新段落时，把学生的注意力和思维引导到特定的教学任务上来的一种教学行为方式。教学实践证明，不同的定向导入对学习成果有不同的影响。精心设计的导入方式，能激发学生学习的积极性和自觉性，引起学生对所学课程的注意，使学生了解为什么要学习这部分教材，明确本课题的学习目标及内容，诱发探求新知识的浓厚兴趣。

（1）导入新课的功能

①引起学生注意的功能

教师通过其语言、手段、视线或演示直观教具，使学生的心理活动指向和集中于特定的教学内容，尽快进入课堂学习状态。

②唤起学生学习热情的功能

课堂上教师对学生学习目标的引导，必须引起其学习的积极性，同时插入使他们惊奇的事情，或讲故事，或展示图片，或提出问题使学生产生好奇心，唤起他们的学习热情。

③组织教学的功能

导入一般是通过教师为学生设定学习范围的形式来进行的，这里渗透着对教学的组织。例如，学生读了某个故事之后，当布置一个思考题时，不是每个学生都能回答好。所以，需要提示有关内容，使之回忆，从而组织课题的学习。

④揭示教材内在联系的功能

教师导入新课时，往往通过对事物进行比较、对照，使学生明白事物间的共同点和不同点，说明问题的联系和区别，以引出新的教学内容。

（2）导入新课的要求

①导入新课的方法应能激发学生的学习动机，造成悬念，达到激发情感，引出疑问的作用；

②要以生动的语言、具体的事例、有趣的实验或已学过的知识，引入新知识、新概念；

③要把新课所用事实、所做实验与将要学习的新知识紧密联系起来，起到渗透教学目的的作用；

④导入时间应掌握得当，安排紧凑。

2. 教学语言技能

教学语言技能是教师在课堂教学中，运用多种多样的语言表达方式（口头语言、书面语言、身体语言等），向学生传递信息的一种教学行为方式。教师的教学语言除表现出语言的共同特点外，还必须具备教师的职业语言特色。

首先，教师的教学语言要经过提炼和加工，教师要在精心备课，熟悉教材的基础上，把书面语言变成口头语言，而不是机械生硬地宣读书面语言，也不应变成生活语言而表现出极大的随意性。教学中最不受欢迎的是照本宣科。

其次，教学语言的语速应适宜。有些教师，上课时说话的速度太快，发出信息的频率太高，使听课学生的大脑对收取的信息处理不及时，这样势必造成信息的脱漏、积压，导致信息传收活动的障碍甚至中断。反之，假使教学语言速度过慢，不仅浪费了许多宝贵的教学时间，而且将导致学生精神涣散，感官和大脑皮层细胞转入半抑制状态，降低听课的效果。

第三，教学语言应有节奏感。教学中教师的语言，忌讳的是平铺直叙没有节奏感，给学生的印象是教师好似情绪不佳、精神不振奋。人们把教师教学语言的节奏感称之为声浪。教学语言的声浪不应是故弄玄虚、大惊小怪，而表现出的应是一种教学意境。教师若能巧妙地处理和运用语言上的声浪，会对学生的情感产生积极的感染作用，并对课堂教学产生积极的组织力量。

最后，教学语言要幽默、含蓄。教学语言的幽默具有审美和批评教育的作用，让学生在笑声中领悟知识的奥妙和思想的哲理，使学生对学习产生兴趣，不仅不会把学习作为负担，反而会在学习中产生一种愉悦感；教师语言的含蓄在于讲课中不讲本意，而用委婉的话来烘托和暗示，让学生运用已有的知识、经验和想象力，去丰富，去补充。以"不全"引出"全"的结果来，这样的课，学生会觉得有趣味性，而且品味寓意越多越深刻，从而收到"疑是无情还有情"的独特效果。

3. 板书技能

板书技能是教师在课堂教学中，运用黑板以凝练的语言文字和图表等形式，向学生传递信息的一种教学行为方式。有效的板书设计是学生通过感官获取知识的重要方式，不仅能掌握知识的重要线索，而且可以获得解决问题的思路和方法。

有的教师讲课不注意板书，主要有两种现象：一是边讲边在黑板上写，几乎每句话都要选择一两个字写在黑板上，为了引起学生的重视，又随手用大小不同的圆圈把黑板上的字圈起来，或是用箭头、横线、双横线、曲线等标出来，课程讲了一半，黑板上已是密密麻麻了，这种板书不会给学生留下清晰的思路，教师手忙脚乱，虽很辛苦，效果却不好。另一种情况的教师正相反，一堂课下来，黑板上多则十几个字，少则几个字，有时甚至干脆没有板书，从心理学角度讲，这样的课堂教学在学生心理上留下了一定的空白感觉。由此可见，教师必须重视课堂教学的板书，并把它作为一项必须具备的教学基本功，科学地发挥板书的作用。

（1）板书设计必须加强板书理论的认识和研究

①加强板书在课堂教学中重要性的认识。在课堂教学中，单纯用口头语言提供听觉信号，对学生感知、理解、记忆、运用知识，显然是很单调和低效的。为了弥补语言传授的不足，教师总是要通过文字、符号、图表、图解等形式，把教学内容中那些重要的难以理解的或关键性的知识和问题写到黑板上，这对教师的教和学生的学都有深刻的影响。巧妙的板书是教师创造性劳动和科学思维的结晶，它渗透着教师的知识、智力和教学艺术，融合着教师的教育教学理论和审美素养；它反映着教师备课、组织教材和运用教材的能力。对学生来讲，它能帮助学生抓住重点、突破难点、掌握关键，从而透彻地理解和把握教材，能帮助学生掌握教学思路，提高逻辑思维能力；能加强教学的直观性，集中学生的注意力，增强学生的记忆力和理解力；对学生记笔记能起示范作用，有利于锻炼学生记笔记和书写的能力。

②深入研究和掌握板书设计的形式。板书设计的形式多种多样，最常见的有以下几种：A. 提纲式。一般指用一句或两句话概括教材每段每节的内容要点，并按顺序写出来的板书。B. 表解式。指用表解的形式表现教材要点或课文的结构，不但系统完整，而且脉络分明。C. 问答式。与提纲式板书不同之处，在于它以问题的形式出现，显示出归纳讲授内容的主要过程，点明解答问题的步骤。D. 表格式。一般用于类比，区别概念和表示情况的变化。E. 一般叙述事物的发展、转换、变化规律的形式。不论课堂教学采取何种形式的板书，都应结合学生心理发展特点和学科特点以及课程的类型、要求来进行设计。文科如语文、历史、政治等课堂教学中的板书设计，与理科如数学、物理、化学等课堂教学中的板书设计有所不同，外语、音乐等课堂教学中的板书设计与上述几门课程的板书设计又有所不同。所以，设计时，既应注意其共性，又要考虑其特点，才能恰到好处。

③领会和贯彻板书设计的原则和要求。要从教材内容出发，同时要与教学目的联系起来设计板书。教学内容是设计板书的依据，教学目的规定着板书设计的主题和结构，甚至影响着板书的语言。只有将这两点有机地联系起来，并以此为出发点来设计板书，方能发挥其有力的辅助作用。同时，设计板书要注意启发性、条理性、简洁性。板书的目的在于激发兴趣、启发思维、强化记忆，只有具备启发性的板书，有条有理、合乎逻辑的板书才能起到这种作用。简洁也非常重要，简洁不仅指语言，也指线条、图示，一条线、一个箭头都应有明确而丰富的意义，这种以少胜多，直观形象的板书，往往会引起学生对教

材内容的联想，并且会长时间留存在记忆里。最后，设计板书还要注意文字、语言的示范性。就以文字为例，字形要正确，字体要端正，写字时不能出现笔顺错误。板书的语言要规范，形式要工整，不能潦草、马虎。魏巍在《我的老师》一文中写道："连蔡芸芝先生写字的姿势，孩子们也要模仿"，可见教师对学生的影响之深。这种影响当然不仅仅是黑板上的几个字，而是包括思想、作风等全面的影响，因此，一定要重视板书的示范性。

板书的使用，最常见的方式是边讲边写。其实也不必拘泥于一种方式，也可以先讲后写，即讲完之后，出示板书，给学生一个完整的结构，也会留下很深的印象；还可以先给板书，后讲，甚至可以设计不同的板书，让学生判断其优劣，以此激励学生分析理解教材。

（2）板书设计必须密切联系教学实践和板书设计总结

加强板书设计的实践和课堂教学板书设计的总结，是提高板书技能，掌握板书基本功能的重要环节。在板书设计上，仅仅理解、掌握板书设计的重要性、形式、原则或要求是不够的，重要的还在于实践。

教师板书设计实践有两种。一种是模拟实践，模拟实践又有几种形式：①观摩假想式板书。教师的某一课板书设计在很大程度上是通过对他人的学习而获得的，通过观摩，吸收他人之长处，再根据自身的知识、经验，在头脑中构思出某一课题的板书设计。②书面文字式板书。教师在备课时就要设计板书，并把设计好的板书作为一项重要的内容写在教案上。③演习仿真式板书。为了测定板书设计的效果，对板书设计进行全方位的检查，可以模仿真实课堂教学在黑板上反映出板书的设计。另一种是课堂教学实践，课堂教学实践是检验教师板书设计最为客观的尺度。课堂教学中没有现想、现设计板书的时间，只有反映头脑中已设计好的板书的时间。这就要求，课堂教学的板书不允许带有随意性。板书设计的客观效果如何，可以通过自身的反思和学生的反应得知。

教师对每堂课的板书设计，都应及时总结，找出成功之处和不足之处。任何一位教师的任何一次板书设计，都不可能是尽善尽美的。因此，都有总结、改进、提高的必要。教师对他所教学科的每一课题的板书都进行精心设计，注意改进提高，那么他就会在教学上形成具有自身特点的教学风格。

4. 教态变化技能

教态变化技能是教师在课堂教学中，充分、恰当地运用身体的动作、手势、面目表情、眼神等外部表现形式，辅助教学语言向学生传递信息的一种教学行为方式。

教师的教态是千姿百态的。由于教态体现着教师的个性，使得教态的表现千差万别，各有特色。教态蕴含着教师的道德修养、学识水平和教学经验，使得教态在教学中更加表现出它的积极意义，再加之语言、感情、动作等因素的参与，使得教态的表现更加丰富多彩。

教态的表现形式是多方面的，这是因为它有着极其丰富的内涵。概括地讲，教态是指教师对课堂教学工作的态度和教学过程中教师所有身心活动的外部表现形态。这两个方面是辩证统一的，对课堂教学的认识是教态赖以养成的基础，身心活动的外部表现形态是认识指导下内在修养外化的结果。

教师对课堂教学工作的态度可称为对课堂教学的基本认识。课堂教学是以向学生传授系统的文化科学基础知识，使之掌握基本技能，发展其智力、体力，培养其良好思想品德为目的的。所以，教师必须具备良好的职业道德，提高对自己所从事的工作的认识，热爱教育事业、热爱学生、诲人不倦、相互团结、相互协作、以身作则、严以律己，以认真负责的态度对待教学工作。

教师教态的另一个重要方面是课堂教学中教师身心活动的所有外部表现形态，即教师的声、情、姿、色、仪等协调的一致性。

声，指教师口头语言的音质、音量、音调及其节奏。教师的声音应是自然起伏有节奏的，对学生具有启发性，能引起学生美的感受，有利于信息、情感的交流；应避免高声如雷，低音如蚊，也不能平平淡淡没有起伏。

情，指教师讲课过程中的情绪和情感。课堂上的教师应情绪饱满，精神振奋。因为教师的情态、神态，加之声音、动作直接影响着学生的思维活动，因此，教师要有乐观振奋的精神和积极健康的思想情感。教师的积极情感有利于激发学生的学习情趣。德国教育家第斯多惠说："教学的艺术不在于传授的本领，而在于激励、唤醒、鼓舞。"这种对学生的激励、唤醒、鼓舞很大程度上是靠教师情绪和情感的渲染。在中、日、美三国的联合调查中，三国绝大多数学生喜欢的是能够和学生沟通思想感情的"交流型"教师，这种教师能"理解同学的心情"（中国79%、日本94%、美国94%），"待人公平"（中国77%、日本

92％、美国93％），"乐于交谈"（中国71％、日本54％、美国96％）。可见，教师的情绪和情感能否和学生进行直接交流，不但影响着课堂教学的效果，也影响着教师教学威信的建立。

姿，指教师课堂教学的姿势、动作和手势的规范化行为。姿就是讲教师的举止，若加上教师的言谈和仪表，就是教师的风度。教师的举止在课堂教学中很重要，教师的举止应是得体的、规范的，应起表率作用，不能随随便便或装腔作势，这一点，加里宁说得尤为深刻，他说："教师的世界观、他的品行、他的生活，他对每一现象的态度都这样或那样地影响着全体学生。这点往往是察觉不出来的，但还不仅仅如此，可以大胆地说，如果教师很有威信，那么这个教师的影响就会在某些学生身上永远留下痕迹。正因为这样，所以一个教师也必须好好检点自己，他应该感觉到，他的一举一动都处在最严格的监督之下，世界上任何人也没有受到这样严格的监督。"

色，指教师课堂教学的面目表情。教师的面目表情，除言语之外，是最能表现教师情感世界的。老师通过眼睛、口型、面部肌肉的变化来传递信息，把学生带入事物发生和发展的真实境地，同时还可以通过面目表情的变化，对学生的课堂学习行为做出肯定或否定的评价。教师的面目表情从总体上说对学生应是和颜悦色、和善可亲，不可尽是阴沉着脸。

仪，指教师课堂教学的容貌、衣着、服饰及卫生。

教师的声、情、姿、色、仪并不是孤立存在和单一表现的，而是内在修养的自然流露，同时也是协调统一的，统一在教学活动中。良好教态的养成来自教师思想品德、学识水平的内在修养，来自对教学内容的深刻理解和全面掌握，来自对事业的热爱，对学生的关心和责任感。作为教师应养成良好的教态。

5. 教学演示技能

教学演示技能是教师在课堂教学中，通过展示实物、直观教具或做示范性实验，指导学生通过观察，获取感性认识，说明和印证课堂所讲知识的一种教学行为方式。演示的种类多种多样，按演示使用的教具，可分为三类：第一类是实物、标本、模型、图片的演示；第二类是图表、示意图、地图的演示；第三类是实验的演示。这里仅就教学挂图和现代化教学手段的使用技巧做一些说明。

（1）教学挂图的使用技能

教学挂图是传统的富有生命力的直观教具之一，广泛应用于文理各科的教学过程之中。教师在绘制教学挂图时，应注意以下问题：

一是要保证教学挂图的科学性。教学挂图所反映的内容，是各种事物的客观现象及其相互关系。因此，教师绘制的挂图内容不应出现科学上的错误；

二是要保证教学挂图的"教学性"。"教学性"是指绘制挂图在保证科学性的基础上，还应当符合课堂教学的要求；

三是要保证教学挂图的艺术性。挂图应当画得一丝不苟，图的画面要布局合理，安排得当，并且要工整美观，颜色与线条均匀而明晰；

四是教师要处理好文字和挂图的联系。教师在讲课中既要演示挂图，又要书写必要的文字，使文字和图像密切结合在一起，帮助学生理解挂图内容；

五是要组织学生进行独立观察。挂图是启发学生思维，发展学生观察力的最好教具之一。

美国图论学者哈拉里曾说过："千言万语不及一张图。"在教学过程中适时、适当地使用挂图，可调动学生的学习积极性，对于增强教学效果会起到很好的作用。

（2）现代化教学手段的使用技能

现代化教学手段是指幻灯机、电影放映机、录音机和电子计算机等硬件，以及承载着教学媒体的教学辅助工具。现代化教学手段，是从19世纪末首先把幻灯应用于教学开始的。目前发达国家现代化教学手段的应用已经相当普遍，而在我国应用较晚，但在近十几年发展较快。

现代化教学手段优越性很多，但是使用必须恰当，正确处理各方面的关系，才能更好地发挥其应有的作用。教师在使用现代化教学手段时应注意以下几方面问题：

首先，运用现代化教学手段必须从教学目的和学生实际出发。运用现代化教学手段的主要目的是为了提高教学质量，所以所选用的现代化教学手段必须符合教学大纲的要求。教学大纲是教师选择现代化教学手段的依据。同时，要考虑到学生的文化水平和年龄特点。

其次，运用现代化教学手段必须发挥教师的主导作用。现代化教学手段都只能是教学信息的"媒体"，都是教师用以传递教学信息的工具，它只能作为教学的辅助形式，取代不了教师的主导作用。

第三，要处理好现代化教学手段和常规教学手段的关系。同常规教学手段相比，现代化教学手段有很多优点和独特作用，但是，现代化教学手段也不是在任何情况下都是有效的。

就我国目前情况看，由于学校经济条件有限，短时期内普及运用现代化教学手段还不可能，常规教学手段仍然是基本的、主要的教学手段，而现代化教学手段只能是常规教学手段的辅助工具。因此，教学实践中，应两种教学手段取长补短、协调使用。

第四，运用现代化教学手段要事先做好准备。准备的内容主要有两个方面：一是根据教学的具体情况和现有的设备条件，对各种现代化手段加以比较，尽可能达到最佳选择，以保证达到良好的教学效果，对计划使用的现代化教学设备、电教材料等，要认真检查，是否齐全，是否完好，是否需要检修，以免临场出现故障和差错，影响教学进度和效果；二是对影片、录像带、幻灯片、录音带等资料，要从教学目的、任务出发做适当的处理。如何使用，教师也须做到心中有数。

6. 举例技能

举例技能是教师在课堂教学中，通过其他事例来说明道理，论证观点的一种教学行为方式。恰当的举例，对启发学生思维、加深对基本理论的理解、活跃课堂气氛、提高学生的学习兴趣，都有重要作用。教师举例应做到：

（1）举例针对性要强。针对教学内容和学生的实际，恰当的举例，能收到良好的教学效果；

（2）举例要保证其科学性。举例的科学性，要求教师在讲授中，针对教学内容，精心选择材料，正确地举例；

（3）举例要贴切、典型、有启发性。这样既有利于学生对所讲内容的理解，又有利于发展学生智力，提高学生思维能力，举例并非多多益善，要适可而止，留有余地；

（4）举例要新颖、生动、有趣。教师应多深入生活实际，多读书，占有丰富的材料，这样在教学中才能左右逢源，得心应手地举出新颖、生动、有趣的例子来。

7. 提问技能

提问技能是教师在课堂教学中，用问题来启迪学生的求知欲，引起他们积极思考的一种教学行为方式。

思维活动常源于问题，有了问题，思考才有明确的目的和方向。提问是教师通过适当的对话，引导学生做出教师事先希望得到的回答。有经验的教师，几乎在每节课都能精心设计水平不同、形式多样的问题，选择恰当的时机，引导学生回忆、联想、分析、对比、综合和归纳，从而丰富学生的知识，形成新概念和获得分析问题的方法，教师及时做出使回答深入的追问、释疑或说明，并发表自己的见解，可以帮助学生深刻地掌握教材内容，并灵活地运用所学知识解决新问题。

据国外的研究，在课堂教学中，存在着两种不同类型和效果的提问。一是"重要的提问"，这类提问表现出：教师对教材有深入的研究；和学生智力、知识水平相吻合与适应；能诱发学生的求知欲望；有助于实现教学过程中各个具体目标；富有启发性、能自省。一是"徒劳的提问"，也称浪费的、无效的提问，表现为：目标不明确；零碎、不系统；无视学生的年龄特征、个性差异和能力水平；用语不妥，意思不明；感情用事、不重师道；不给学生思考余地，没有间隔与停顿。

提问是教师进行教学活动的一种技能，也是体现教师课堂教学艺术风格的一个方面，那么教师如何掌握这种技能，形成个体的艺术风格呢？这就需要对提问的目的、方式、方法、原则有一个全面的认识。

具体地讲，教师提问的目的有：

第一，了解学生过去的生活、学习经验以及现在的学习情况，了解学生在课堂上获得的知识，对学习内容的理解程度以及学生现在的心理状态；

第二，激发学生的学习动机，使学生关心学习，对学习感兴趣；

第三，拓宽学生的思维，告诉学生各种观点和思考方法，并提示以后学习的方向；

第四，使学生深入思考，提高解决问题及发现答案的能力；

第五，使学生有探索精神，使学生体会学习的益处和发现的喜悦，具有追求事物本质和更高价值的精神；

第六，使思维转换，使学生考虑下一问题；在思路被堵时，使学生改变角度，产生不同意见，以期引起争论，所有这些都离不开教师的提问。

提问要教师对提出的问题进行分析、筛选：

（1）教师对学生的提问应是有价值、利于学生思考、与教学目标相关的问题；

（2）教师对学生的提问，对学生来说，应是重要的问题。教师使学生感到问题的重要性，使学生具有积极思考的态度，但应避免学生完全明白而又随意的问题；

（3）教师对学生的提问应难易适度，提的问题必须是在学生的经验和知识能理解的范围内，要用易懂的语言和学过的术语提问。

（4）教师对学生提问前应考虑到学生会做出何种反应，就是应设想到提这个问题学生会考虑到什么，会考虑到什么程度，会做出什么样的回答，还要考虑提问不同对象反应的差异，针对上等、中等、下等水平的学生设计不同的问题；

（5）提问应是有准备的。突然提问，以及对某种事物没有生活学习经验的提问，将会引起学生心理的混乱；

（6）提问对教师来讲应是按照授课过程有计划的提问。要把提问和对学生回答的处理纳入课堂教学的计划中来，要计划好在哪里提问，提什么样的问题；

（7）教师应精选问题，使其收到实效。无用、无意义的提问在时间上无疑是一种浪费。

向学生提什么样的问题确定了，那么怎样去提问，这里有一个方法问题，应掌握的提问方法有：

第一，以与学生一起思考的态度和心情提问。不要用强制回答的语气和态度，要使学生感到老师也在思考问题。如提问时，可以用这样的语言，"这是为什么？""有谁明白？"等等；

第二，在适当的时候，适当的时机提问。掌握好思考问题的时机，按照学习的进展和学生思考问题的进程提问或启发；

第三，提问应适应学习情况。结合学生学习的实际情况，把问题设计合理，为了切合学生的实际，即便是在计划中安排好的提问，也可因实际情况的变化而改变提问方法、角度等等；

第四，提出的问题应使学生能准确把握住其所指。当提问的内容、意思不易理解时，为使学生准确地抓住要点，可以变换说法。以图提示，也可以直接提问学生是否听懂了问题；

第五，注意少做随机性的提问。教师根据当时的想法，随口提出的问题，一般不能认为是好问题。所以，教师对课堂上头脑中浮现的问题有必要考虑它在教学中的位置和意义。当然，在授课的重要部分，适时提出问题了解学生的理解程度，也是必要的。

当学生回答不出问题时，有的教师经常重复相同的问题或告诉答案。一般而言，教师一个劲儿地要求学生回答问题，或马上告诉答案，都会阻碍提问进程甚至整个教学的进程，影响学生的深入思考，难以收到预期的提问效果。那么怎样提问呢？这里有四条原则：

首先，不要重复说自己的问题。重复自己的问题不仅影响学生思考，有时还会在重复中使问题发生微妙的变化，造成问题的前后提法不一致。因此，可能使学生的思维混乱；其次，提出的问题教师自己一般不要马上回答。若代替学生回答，不利于培养学生独立思考问题的意识和解决问题的能力；再次，不应反复重复学生的回答；最后，要有意识地给学生思考的时间。只有留出时间让学生思考，才能达到通过提问提高学生分析问题和解决问题的能力的目的。

8. 巩固强化技能

巩固强化技能是教师在课堂教学中，通过练习、复习和提问等灵活多样的手段、方法，使学生牢固保持所学知识、技能的一种教学行为方式。心理学家艾宾浩斯对遗忘现象进行了系统的研究，并根据不同间隔后的学习成绩绘制了一条曲线，即著名的艾宾浩斯遗忘曲线。这条曲线表明了遗忘发展的一般规律，遗忘过程是先快后慢，即在记忆后的短时间内，遗忘开始进行得较快，保持量急剧下降，随着时间的进展，保持量稳定的下降，遗忘的发展便较缓慢了。这一规律告诉我们，学习之后及时复习至关重要，当堂巩固是学生牢固掌握知识的关键。那么当堂巩固知识应通过哪些环节来实现呢？

首先，要重视首次感知。

知识的巩固并不是孤立进行的或仅仅依靠复习来实现的，教学过程的各个阶段、各个环节，对于知识的巩固都有独特作用。其中，感知是记忆的先决条件，记忆的巩固程度往往决定于首次感知的深刻程度。首次印象准确、生动、鲜明，记忆就深刻、持久。那么怎样才能使学生获得准确、生动、鲜明的第一印象呢？这主要依赖于以下两方面的条件：

一是刺激物，即学习材料本身的特性及呈现方式。一切反映都首先决定于刺激物本身，一种学习材料是否能给学生留下鲜明的第一印象，往往取决于它是否具有一定的刺激程度，即能否唤起学生的兴趣与注意。当人们对某种知识本身有浓厚的兴趣时，对它的记忆也是最积极、最有效的。而注意也好比记忆的门户，它与记忆是形影相随的，没有注意，就没有记忆。例如：在语文课的汉字教学中，有经验的教师经常利用色彩、语言的对比等方法，来突出分析字形。一位教师在教"添"字时，为使儿童留下深刻的第一印象，先故意将添字少写一点，要求学生注意观察，然后再用笔在"小"字旁边加上鲜红的一点。这种色彩对比的运用，构成一种强烈的视觉刺激，在学生头脑中留下了鲜明的表象，以后他们就不会在添字下面少写一点了。为使学生获得有效的首次感知，还要善于区分学习材料的主次。一般地说，教材中的难点及抽象概念，都应是特别注意予以加强的部分。教学经验表明，知识呈现的方式不同，其效果大相径庭，单纯的讲述，远不如配合演示直观教具的效果好。所以在各科教学中，都应重视运用各种实物、模型、标本、图表、照片等直观手段。

二是反映主体（学生）多种感官的参与水平。心理学家的实践反复证明，人们通过视觉获得的知识能记住 25%，听觉记住 15%，而把视、听觉结合起来，就能记住 65%。多种感官协同活动，比一种感官记忆的效果要好得多。因此，学习任何材料时，都应尽可能地调动各种感官共同参与。譬如记忆一个外语单词，不仅要用眼睛看，而且要听到并读出它的声音，还要动手写在纸上。这样，进入大脑的信息有来自视觉、听觉等多种途径，在大脑皮层上建立了较为广泛的神经联系，因而留下的痕迹也就比较巩固。

其次，透彻的理解是巩固的基础。

夸美纽斯在《大教学论》一书中写道："除了依理论能够完全理解的东西以外，不要强迫学生记忆任何事情。""因为只有彻底懂得并且记忆了的东西才能看作心理的财产。"从一定意义上讲，学生对学习材料没有真正的理解，就难得到切实的巩固。同样，学生对教材没有牢固掌握，也不会有深刻的理解。理解是巩固的基础，巩固是理解的进一步深化。心理学研究一再证明，那些建立在理解基础上的记忆（即意义识记）往往更加全面、迅速、准确，而机械识记的效果则相反，对知识理解的程度，直接影响着记忆的巩固程度。

那么，如何使学生获得深刻的理解呢？学生对知识的理解，主要依赖于教师的讲授，教师讲得清楚、明确，学生就会明明白白；教师讲得生动形象，学生就会听得兴趣盎然；教师讲得富有启发性，学生就会积极动脑思考；教师讲得条理清楚、重点突出，学生得到的印象就特别深刻，自然可以起到巩固作用。教师要特别注意引导学生运用对比、联想、分析、综合、归纳、演绎等思维方法，对感知的事物或现象，在头脑里进行加工，找出本质特征，抓住事物之间的内在联系。

第三，及时复习是巩固强化的基本手段。

无论是深刻的感知，还是透彻的理解都不是一劳永逸的，对于巩固知识来说，这些还仅仅是必要条件，而及时的、多种形式的复习才是巩固知识的基本手段。复习并非简单的重复，它是一种有助于巩固知识的手段和方式的综合。

首先，要明确识记任务，发挥有意识记的作用。教师在讲授新教材的过程中，要及时归纳中心思想或要点，通过提问、学生复述本教材主题等方式明确识记任务，调动学生记忆的积极性。

其次，以"叶茂"促"根深"。简单的重复只会使大脑皮层局部抑制。在复习中掺入一些新成分，以新的角度使旧材料重现，比只要求简单地重复同一材料有效得多。

第三，把所学的知识纳入记忆系统，构成记忆网络。乌申斯基曾指出，装着一些片断而没有联系的知识的头脑，像个乱七八糟的仓库，主人从那里什么也找不出来。他从反面告诉我们，要使知识永久地储存在记忆中，当需要时能清晰地再现出来，就要将其进行加工、编码，形成网络，即让学生自己重新整理组织学习材料。将新旧材料加以对比、分类、整合，将其纳入一定的知识系统，固定在一定的知识框架之中，只有将知识系统化、概括化、综合化，才能达到牢固化的效果。

第四，寓复习于多种练习之中。当堂复习是巩固知识的最佳时机，除了让学生尝试回忆、复述、总结这些通常形式以外，还必须通过动脑、动口、动手进行多种练习，力求在运用中达到巩固知识的目的。譬如，对文科一些内容的复习，不能靠简单的背诵、熟读来达到记忆的目的，最理想的方法是通过解词、辨析、回答、判断、改错、简述、分析、论证、驳论、批判等各种类型的练习，使某个观点在新情境中反复出现，一再运用，达到巩固知识、加深记忆的效果。同样，一个单词，一项语法规则也不能靠死记硬背来掌握，最好是在听、说、读、写中使用它，并从新的表达方式中得到自我强化。

最后，还要辅之以教师的检查与评定。及时的反馈与强化是课堂练习的特点，也是当堂巩固知识的重要环节。对于学生来说，在练习中运用所学的知识是记忆过程中的一种内部强化，而来自教师的检查与评定则是必不可少的外部强化。这是一个完整的记忆过程的相对终结。因为学生虽然通过感知、理解、练习在大脑皮层上留下了某种神经联系的痕迹，但由于泛化和自然消退的作用，这种痕迹在短时间内仍在迅速弱化、弥散，这时来自教师带有权威性的及时反馈是一种强有力的强化，它对巩固刚刚形成的神经联系有着重要作用。

9. 总结技能

总结技能是教师在课堂教学中，完成特定教学任务时所表现出来的教学行为方式。当一个单元或一节的教学告一段落时，教师都要进行扼要的总结，也叫小结。

一是总结的作用：

第一，总结能使学生对知识的掌握达到一个新的高度，从整体、全局或相互联系中去掌握具体概念和原理，使所学的概念和原理回到知识系统中所占的位置上。不进行小结，所学的知识就会是孤立的、零乱的、彼此无关联的，这与知识的本来面目是不相符合的。

第二，总结能把多而杂的知识变得少而精，完成了"书越读越薄"的转化过程。经过总结，一个问题、一课内容、一个章节、一科知识可能用一幅画、一张图、一首"诗"就可以表达出来。这是知识的骨架，抓住了它，就能"提纲挈领"。这种经过总结的知识，容量很大，便于记忆。

第三，经过总结的知识便于"内化"。孤立的事物容易忘记，而联系着的事物就记得牢。一个概念、一条原理、一个知识点，一旦把它"钉"在系统中应在的位置上，与它的"左邻右舍"建立起了必然的联系，这就便于消化、吸收为学习者自身的知识。

二是总结应遵循的要求：

第一，总结时要善于抓住事物的本质，引导学生加强理解和巩固教材中的基础知识、基本概念和基本理论。切不可胡子眉毛一把抓，重述所讲述的教材内容，这样不仅降低了学生对总结课的兴趣，而且也冲淡了教学的重点，使学生不得要领。例如，数学教学中的总结，就常常是对教材某一内容的定理、定义和公式进行回顾和总结；语文、外语等学科的总结则是对课文中出现的某一语法现象的总结、归纳。

第二，总结的方式应多样化。可以用练习、提问、板书、板画、图表、实验等多种方式进行。

第三，进行总结时，要注意调动学生的积极性，引导学生自己对所学知识进行剖析和总结。这更主要的是总结学生知识的阶段积累程度。

第四，进行总结时，教师应在更高的视点上来透视所学过的知识，使学生能融会贯通地掌握科学知识体系。任何一种知识都包括在它所归属的"母系统"之中，它作为一个子系统与其他子系统互相联系、互相依存、互相制约，组成一个知识结构。只有掌握了知识结构，才能更好地掌握知识。任何学科的理论，都是由科学概念和原理组成的知识系统。通过分节、分章、分科的学习，掌握了一些基本概念和原理，但它们都不是孤立的，而是互相联系的。只有明确了这些联系，才能把这些概念和原理组成一个完整的知识系统。怎样组成一个完整的知识系统呢？很重要的一点，就是教师要善于在总结中进行归类。

10. 组织教学技能

组织教学技能是教师在课堂教学过程中，通过调整教学的速度和节奏，维护课堂良好秩序，创造积极课堂气氛等所表现出来的教学行为方式。在组织教学过程中，重要的是建立良好的课堂气氛和对课堂教学有效的调控。

课堂气氛，也可称之为课堂心理气氛，它既是一种观念形态，又是一种给人以实感的教学情境。通常，它是在课堂教学情境的作用下，在学生需要的基础上产生的情绪、情感状态，它反映了课堂情景与学生集体之间的关系。课堂气氛也是教师在科学的教学思想指导下，通过行之有效的调节方式，引导学生沉浸在课堂规定的情感气氛之中，是教与学双方感情畅通交流的体现。

建立良好的课堂气氛应从以下几方面入手：

第一，教师的情感是建立良好的课堂气氛的主导因素。教学是一种思想交流活动，由于教育对象是有感情的人，所以必须使感情因素贯穿于教学的全部过程。能否建立更好的课堂气氛的关键是教师。因为教师的情感不仅直接影响到本身教学水平的发挥，而且影响着学生的情感和学习。所以，教师要控制和调节好自己的情感，高兴时不要得意忘形，悲观时不要垂头丧气。教师要善于控制自己无益的激动，及时调节消极情绪。

教师的形象对学生有很大的感染力。教师热爱自己的教学工作，始终以饱满的精神、欢快的情绪进行课堂教学，并通过恰如其分的面部表情、姿势和语言，把自己的情感传递给学生，感染学生，学生才能用高兴而愉快的心情接受知识，带着高涨的情绪思考问题。反过来，学生旺盛的求知欲又会激励教师以更大的热情全身心地投入教学，从而使师生间的情感水乳交融、高度和谐，这是理想的课堂气氛。如果教师心情不佳，讲课时面色阴沉、神情沮丧，或粗暴急躁、动辄发火训斥学生，学生也会情绪低落、心情沉闷、精神紧张，甚至产生抵触情绪。这样，就无法形成良好的课堂气氛，教学效果必然受到影响。

第二，学生的学习兴趣是建立良好的课堂气氛的内在条件。课堂教学既要体现教师的主导地位，又要体现学生的主体作用。苏联著名教育学家苏霍姆林斯基曾说：如果教师不想方设法使学生产生情绪高昂和智力振奋的内在状态就急于传授知识，只能使人产生冷漠的态度，不动感情的脑力劳动就会带来疲倦。所以说，教师的主导地位不只在于对概念的解释，原理的阐述，更重要的在于想方设法调动学生的学习积极性，达到"寓教于趣"，使学生"乐学"的目的。学习是个复杂的心理过程，这个过程中的心理活动分为智力因素和非智力因素，智力因素的作用已引起了广大教育工作者的重视，但非智力因素对学生产生的影响和作用同样不可低估。因此，教师要从激发学生的内在动因入手，调动非智力因素，促进智力因素，以提高学生的学习兴趣和质量。心理学研究表明，一个人的兴趣往往和需要相联系，需要越迫切，兴趣越浓厚。爱因斯坦认为：兴趣是最好的老师，是行为的动因，没有浓厚的学习兴趣，就不可能达到"入迷"的程度，便不会出现执着的追求。所以教师要用多种多样的教学方法，激发学生的好奇心和求知欲。优秀教师教学总是巧妙地提出问题，使学生面对着矛盾，从而对学习目的产生一种向往与追求的意向。由于教师激发了学生的求知欲望，这样学生就能积极主动地参与认识过程，于是便能形成一种生动活泼而又热烈的学习气氛。这种气氛能更好地发挥群体活动作用，使学生之间影响力趋于加强，这样平时不爱思考，不善发言的学生和上课爱调皮不听讲课的学生也能受到一定的熏染，他们也会不甘示弱，以积极的态度投入到学习之中。

此外，和谐的师生关系、教师在学生中的威信、教师对教材内容的恰当处理、教学方法的灵活运用、教学艺术的掌握等，都有助于良好课堂气氛的形成。

第三，准确把握学生的心态变化是调控课堂气氛的依据。课堂气氛，实际是一种心理状态，是课堂上群体的情绪活动。教师要十分敏感地把握学生的心理变化，要仔细观察学生的不同反应，及时捕捉、洞察他们思维所处的状态，教师要通过信息反馈，对课堂进行调控。师生在课堂中，要保持思想上的沟通和情感上的交流，保证教学信息回路畅通。比如，有的学生学习全神贯注，有的左顾右盼；有的学习兴趣盎然，有的困惑不解；有的学习注意力分散，有的情绪烦躁不安等。对于这些情况，教师要进行调控，及时查明原因，采取必要的对策。

另外课堂教学中，尤其是中小学生课堂教学，经常会出现一些意想不到的违纪问题，如果不及时调控，就会干扰课堂教学秩序。因此，教师必须具备调控课堂秩序的能力，善于及时地对教学进行调整和控制。在讲课的同时，教师要口、眼、耳、手并用，要把全班同学的一举一动都纳入自己的注意范围，要全面而准确地观察课堂上的学生动态，使课堂适时得到调节，始终保持在最佳状态之中。

课堂教学也是有节奏的，没有节奏体现不出一种秩序，就会使课堂教学陷入混乱，在这种状态下，教学要想收到好的效果是不可能的。

所以课堂教学节奏的调控，对取得预想的结果是一个极为重要的条件。课堂教学不论采取何种具体形式，都是教师和学生共同活动的过程，这一共同活动的过程都是要通过一定的教学内容、教学手段为中介来相互发生作用的。教师、学生、教学内容和教学手段就构成了课堂教学不可缺少的基本因素。

三、课堂教学技能的培训方法

课堂教学技能作为教师课堂教学的行为方式，对教学的作用和质量有着直接的重要影响。教学技能达到纯熟的教师，教学中能挥洒自如，左右逢源，处处给人一种完美的享受。教学技能的掌握并不是特别难做的事情，只要肯于学习、勤于思考、勇于实践，就能够很好地掌握它。从方法上，主要有两个方面，普通训练法和特殊训练法（微格教学法）。

（一）普通训练法

1. 从书中学习

自古至今，许多教育家就很重视教学技能的研究，留下了较为丰富的对教学技能条理性的思考。当代，人们对教学技能的探索更加系统化，更加具体化，为广大教师掌握它提供较为丰富的理论基础。只要肯于学习理论，就能掌握教学技能的本质特征，认识到每一项技能的重要性，这可通过进修、岗位学习和自学获得。

2. 从他人的教学中吸取

教学技能的作用丰富而生动地存在于广大教师的教学实践中。从他人的教学实践中学习和探索教学技能，是一条迅捷而有效的途径。它与书本中的理论相比，具有强烈的可操作性、现实性和针对性，只要在教学实践中多观察、学习和探索，就一定能够汲取丰富的营养，从而使自己的教学技能得到提高。

3. 从教学实践中探索

无论是从书本中学习，还是向他人学习，实质上都是掌握他人的间接经验。而要真正地掌握教学技能，必须把间接经验化为自己的直接经验，这个内化过程，就需要通过教学实践来完成。这是一个认真探索、积累和总结的过程。教师要认真设计每一节课的教学过程，并注意总结自己教学过程中的优缺点，在教学实践中去训练提高自己的教学技能。

（二）微格教学法

微格教学法是一种简化的小型教学练习，所以也叫微型教学法，它是一种有效的训练教师的方法。这一教学法的创始人之一美国的盖奇指出："教育家应采用科学家剖析分子的方法来解决复杂的教学现象。"1963年，美国的斯坦福大学在经过多次试验后确认微格教学法在教学练习上具有许多优点，因为它不但能引起受训教师的兴趣与自信，而且比一般的传统训练更为直接与方便。

这种方法借助录像机等现代化的视听工具，以少数几名学生为教学对象，在很短的时间内练习某种教学方法，师生共同分析录像材料，研究改进措施，从而提高教学技能。运用微格教学，使老师及时形象地获得自己教学的信息，了解自己的练习结果，把握教学成败的原因，产生自我强化，因而有助于有效地调节自己的教学行为，较快地提高教学效果。

微格教学法是一种建立在现代教学理论和现代教育技术基础上系

统培训师范生和在职教师基本教学技能的方法。它适用于培养未来教师和提高在职教师。其具体实施过程是：

1. 明确训练何种教学技能（如导入、结束、提问、讲解等），由指导教师分析这一教学技能，使被培训者明确这一教学技能的概念和学习要求，并用录音、录像、电影或指导教师的示范等，进行形象性的教育。

2. 被培训者设计一段运用这一技能的微型课（5—10分钟），然后向学生小班（3—10人不等）进行教学，指导教师随堂听课，同时录音、录像。

3. 课后教师和学生一起分析音像，指导教师指导，找出优缺点和改进意见。

4. 被培训者根据分析的结果和建议，加上自己的考虑修改教案，立即上第二次微型课，训练同一教学技能，不过最好要另换一批学生，然后再进行一次新的分析。如此反复训练，被培训者可以迅速掌握各种教学技能。

上述过程可以简单地概括成一个模式：备课——教学（同时录像）——反馈（评价）——修改教案——再教学（同时录像）——反馈（评价）。

微格教学法具有以下的特质：

1. 真实性

它不失为在真实的情况下进行的教学。

2. 集中性

教学者在一定的时间内集中于练习某一个或几个特定的教学技巧

而不需同时兼顾通常在一整体中出现的各种技巧，这一种集中的练习更容易收到成效。

3. 简单性

用这种方法练习极为简单方便。

4. 反馈性

试教者的教学缺点往往可由学生即时反映察知，这种反馈是教学的有利因素。

5. 创新性

根据反馈及分析，试教者可重新修改教学方法或另创新的方法及途径。

6. 安全性

这种试验安全得多，因为教学环境易于作特殊的安排，以确保一切情况受到控制。斯坦福大学的微格教学并不限于教师训练之用，也为其他机构的训练工作（如训练行政人员、公共关系工作人员、社会工作人员）开辟道路。因此，由于各种不同的需要，微格教学自然而然地亦产生相应的变化，为本身所需而制定特殊的方法与程序。

这种教学的最终目的，是培养教师自我检讨及自我寻找发展方向的精神，故在受训时高度的自由和自治是必须给予他们的。

实践证明：（1）实习教师与其他接受教学训练的受训者，若有微格教学的经验，则他们的教学成绩有所提高。（2）微格教学所训练出来的教学技能，具有较大的持久性，故在教学中延续使用，甚至变为受训教师一种永久性的习惯。

第三节　教学的评价

教学评价是每位教师日常教学工作中不可缺少的一个部分。所谓评价，就是根据一定的价值观对事物做出评判，在教学情境中，评价也就是把获得的学生学习的信息与评价标准进行比较、做出判断（和决定）的过程。教师对学生的学业进行评价时，首先得通过某种方式收集用以评价的信息，测验考试就是常见的一种测量方式（或工具）。测量是用量化的方式（分数、排名或等级）描述学习的结果。评价的含义则比测验和测量要广得多，因为它可以是了解学生掌握知识、技能和能力的任何途径，是用来获取关于学生业绩信息的任何方式。是教师把某学生在完成一项任务时测得的结果与预定的标准或其他学生的结果进行比较，并做出关于教学效果的判断。

一、教学评价的目的

为什么教师要常常对学生进行测验和考试？这是因为教师需要定期地检验和汇报学生的学习情况，如将测验或考试的结果向领导、其他教师、学生或家长介绍，以反映学生在某一时段的学习情况。然而更重要的是教师通过对学生的测试，可以判断出自己的教学是否有效以及教学中还存在哪些问题。此外，如果学生也关注对自己的评价，他们也完全可以从中发现自己的学习策略是否有效，这个道理同样可以应用于家长。因此，在教学过程中，教师进行教学评价的主要目的是：确定原有水平、测评教学效果、调整教学过程和促进学生学习。

1. 确定已有水平

教学总是以学生业已具备的知识和能力为起点，正确地评估学生的原有水平是有效教学的前提之一。通过类似"摸底测试"的教学评价手段（即"前测"），教师可以获得学生是否具备从事某些新知识和新技能学习所必备的"先决技能"，以及对新学内容的了解程度等有用的信息。这些信息有助于教师对教学对象进行正确的分析和对教学起点进行合理的设定。布卢姆等人曾把造成50％的学生的成绩差异的原因归结于学生缺乏学习新内容所必需的知识和技能，因此，教师在教学之前对学生的知识技能水平有一个正确的定位是非常必要的。

2. 测评教学效果

教学评价是测量和评定教学效果的科学手段。在某一个教学任务或阶段结束时，教师和教学管理人员都要对教学的效果进行评价。教学的策略和方法是否恰当？教学目标是否达成？学生对预期的知识和技能掌握程度如何？学习结果是否达到课程标准？这些问题都需要通过教学评价来获得结论。而且对学生学业成绩的评定和对教师教学能力的考评的结果也是需要向家长和教育管理者汇报的重要内容。如今在这个越来越强调责任制的时代，教师和学校有义务向家长和社会及时公布教学评价的信息。

3. 调整教学过程

教学评价所获得的反馈信息是调整教学过程的重要依据。通过教学评价的"诊断功能"，教师可以及时了解到教学目标定得是否合理、教学方法和手段运用是否有效等信息，还可以了解学生学习的状况和困难以及发现各种影响教学效果的问题，从而能"对症下药"，有目的地调整教学目标和内容、优化教学环境和条件、改进教学策略和方法、采取后续和补救措施，以提高教学过程的有效性。

4. 促进学生学习

越来越多的教师把评价当作促进教学的手段之一。由于教学评价的结果不仅能为教师改进教学提供反馈信息，而且也能使学生了解到自己学习的状况。评价反馈的信息可能是肯定的，也可能是否定的，肯定的评价对于学生来说无疑是一种促进和鼓舞，激发其更高的学习积极性，而适度的否定评价也能促进学生自我反思和改进。学生对照评价的标准可以发现自己学习中取得的进步和存在的不足，总结经验和教训、调整学习策略以提高学习效果。值得一提的是，日渐流行的真实性评价更重视学习过程的评价，评价已经成为学习进程的一部分，它为学生提供了展示自己知识和能力以及进步的机会；而自我评价和同伴评价本身就是很有效的学习过程。

二、教学评价的过程

教学评价的核心工作是获取评价的信息和根据信息做出判断，在通常的教学过程中，典型的教学评价应还包括评价前的准备和评价后的决定和措施。因此我们可以用"四环节模式"来考虑教学评价的整个过程：准备评价、获取信息、做出判断、后续措施。

1. 准备评价

在开始评价之前，首先要对评价的对象、评价的内容和评价依据作认真的考虑。评价者应该明确这些问题：为什么要进行评价？需要满足什么？要解决什么问题？应该收集关于哪些方面的信息和数据？采用什么形式的测量和观测手段？在什么时间进行评价？需要学生做哪些准备？

2. 获取信息

在设定的时间内，采用合适的测量工具和评价策略（如测试、观察等），收集、记录一切相关的信息，并对这些信息加以分类、整理。

3. 做出判断

根据评价的标准（教学目标、行为规范等）对获取的评价信息进行对照和分析，形成对评价对象的价值判断和结论。

4. 后续措施

根据评价的结果，做出相应的决策、采取后续的措施。这些决策和措施包括：反馈评价信息、激励学生进步、考虑调整方案、采取补救措施以及制订下一阶段的目标等。同时，应对评价过程、结果及决策作简要的总结，放入教学档案备用。

以上四个环节构成了教学评价的完整过程，也就是一个评价的周期。一次评价结束也就是意味着下一次评价的开始，尤其是在教学的过程中，评价总是伴随着整个教学过程。

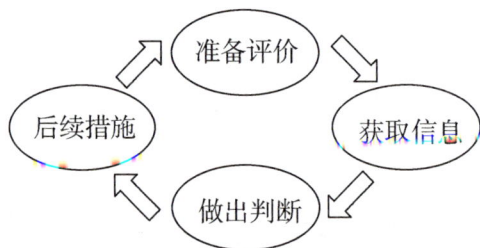

教学评价的环节和周期

三、教学评价的类型

在教学过程中，教师需要做出的最重要判断是学生究竟在何等程度上达成了学习目标。通过教学评价，教师可以获得做出这种判断所需要的信息。同时，教学评价还能替教师回答一系列与教学有关的问题，例如：

我应该从知识技能的哪个层次开始设计教学？

学生是否掌握足够的先决技能以达成新的学习目标？

学生是否能够理解新的教学内容？

哪些学生需要更多的时间才能理解吸收新的内容？

在评价之前是否还需要给学生更多的练习机会？

为什么有的学生不能达成教学目标？

这些问题贯穿于整个教学过程，因此，教学评价并非一项教学结束时的活动，它同样渗透在教学各个环节之中。

（一）按照评价的目的分类

按照评价的目的，我们可以把教学评价分成四种类型。

1. 教学前评价

教学前评价是测定学生学习的准备状况。在开始有效的教学之前，教师必须做出一些重要的决定。通过评价，教师了解学生是否具备了学习新内容的先决知识和技能。例如，如果学生不能正确说明个位数的减法规则，要学会两位数的减法就会碰到困难。还不能正确写出单词的学生必然会难以理解和写出优美的句子。具体而合理的教学前评价对于了解学生在原有知识技能和需求方面的特点和差异是非常必要的。

2. 形成性评价

形成性评价是测定学生在达成教学目标过程中的进展情况。在确定了教学目标并了解了学生的准备状况之后，教师就得在教学活动中不断掌握学生的学习进展情况，在教学过程中教师需要经常问：我们是否向着目标前进，而不能等到教学结束才来检查教学效果。形成性评价的目的在于根据监控学生学习情况获得的教学反馈信息及时地调整教学策略以便让尽可能多的学生取得最佳的学习效果，教师和学生都可从形成性评价中获得关于存在问题、错误、误解以及掌握和进步的信息。我们可以通过正式和非正式途径获取形成性评价所需的反馈信息。正式的渠道包括与教学内容配套的测验、核对表以及观察学生的操作和完成与目标相关的任务等。非正式的渠道也能提供干预学生进步情况的丰富的信息，例如：学生在学习过程中表现出来的言语、表情和行为反馈。为了有机会对学生的进步做出正确的形成性评价，教师在教学中应给予学生充分的机会来表现他们所学的知识和技能。

3. 总结性评价

总结性评价是测定学生达成教学目标的程度。教师试图通过总结性评价来回答"我们达到目标了吗"这个问题。获取评价信息的常用方法是让学生完成一套目标所要求的任务，通常是测验或考试。总结性评价是终端评价，教师往往在一个单元或一门课程结束时采用总结性评价，以判断学生这一阶段对知识的掌握情况。总结性评价的结果往往用来评价学生的成绩和教师的教学质量。对学生成绩的评价可以让教师决定是继续下　阶段的教学还是再花些时间巩固目前所学的内容。形成性评价的结果还常常作为教学质量的重要信息通报给学生、家长、学校领导和社会机构。

4. 诊断性评价

诊断性评价是测定学生学习困难的原因。尽管教学过程经过精心设计，但教师常常会发现有的学生未能达到教学目标，或者有的学生在学习过程中遇到困难。医生只有对病情进行正确诊断后才能对症下药，教师对待教学中的问题也是如此，只有找到问题的症结所在才能采取有效的措施帮助学生克服困难，达成学习目标。因此，诊断性评价的最终目的是如何帮助学生克服学习困难。

如果学习困难是在总结性评价以后发现的，诊断性评价就在教学以后进行，如果在形成性评价中发现问题，那么诊断性评价就可在教学过程中进行。无论哪种情况，我们都需要能够帮助查出问题原因的评价信息。除了先天性学习障碍造成的困难外，许多学习困难是由教学内容和教学方法所致。教学内容导致的困难来自学生将要学习的言语信息、技能或态度。学生也许没有具备必要的先决技能，或没有相关的知识基础帮助他们理解新的内容，或以前的概念错误，或对学习某方面知识的态度消极等等。教学方法导致的困难的根源在于教师设计的教学事件，问题可能是我们没有明确呈现教学信息和技能，或没有举出足够的例子促进学生理解，或没有给学生充分的机会练习巩固。通过收集诊断性评价的信息，教师可以查找到学习困难的原因。

（二）按参照对象的视角分类

按参照对象的视角分类，可分为常模参照评价和标准参照评价。

1. 常模参照评价

以学习者的业绩在某个特定群体中的相对位置衡量其学习效果的评价方式称为常模参照评价，这是一种相对的评价。例如，某学习者在单词拼写测试中获得的成绩优于班级中 70% 的同学的成绩，或他的成绩位于全班或年级的第 15 名。在标准化测试中，测得的分数可能与全国的一个常模参照组的平均分数进行比较。

常模参照评价的测试通常覆盖较多、较综合性的教学目标，而不是针对具体的教学目标。常模参照测试通常用于评价学生的总体成绩。但常模参照测试有其局限性，因为常模参照的测试结果不能说明学习者是否具备更高一层次学习的条件，某学生在数学考试中名列前茅并不能证明他掌握了进一步学习的必要基础，因为他所在的班级有可能整体上数学学习的情况不太理想。常模参照测试也不适合于测评情感态度和动作技能方面的学习目标。测评动作技能需要明确而具体的标准，而情感态度都具有个体特征，与他人进行比较是不恰当的。例如，思想品德方面的"平均水平"能说明什么呢？此外，常模参照测试往往会强化学习者之间的比较和竞争，结果是有些学生总是上进好胜，争相当第一；而有一些学生却屡屡争优无望，心甘情愿落后。

2. 标准参照评价

以具体知识和技能的标准为尺度衡量学习者学习效果的评价方式称为标准参照评价，这是对学习者达标程度的评价。标准参照评价往往与具体的教学目标或明确的学习结果统一起来，因此也被称为目标参照评价。例如，某学生在单词拼写测试中正确拼写75%的单词，即可认为该生达到了"学生能正确拼写70%的单词"的教学目标。

标准参照测试以学生是否"达标"为衡量学习效果的标准，因此学生成绩在团体中的相对位置就不重要了。在基础知识和技能的教学中，用事先设定的标准检验教学效果比学习者之间的相互比较要重要得多。如果某学生的阅读能力虽然超过班上大多数其他学生，但整个班的阅读能力比较差，那么这种比较是没什么意义的。同时，标准参照测试的结果给教师提供有意义的教学反馈，即哪些学生已经达标，哪些还没有达标，需要采取补救措施。因此，标准参照测试主要用于基础知识、基本技能的测评，常用于教学前的评价及教学过程中的形成性评价和诊断性评价，评价所提供的反馈信息可及时用于教学的调整和改进。当然，标准参照评价也有局限性，有些学科的教学目标很难具体化，标准不容易制订，例如阅读和写作能力。此外，标准虽然重要，但标准的制订往往带有一定的主观性。假如70%的拼写正确率为达标线，那么与其一分之差的69%就没有达标，而这一分之差真的能作为评定达标与否的依据吗？

四、选择评价工具

教师在完成一项教学任务后，通常希望了解教学目标的达成情况，了解学生是否掌握了预期的知识或能力。这时，教师需要做的就是收集相关的信息对学习的结果进行评价。那么，如何收集评价信息呢？我们知道，学生的学习结果是一种内在的、通过学习获得的能力，对学习结果进行评价，需要借助一种把内在的能力转化为外显的、可观测的行为表现的工具，常用的评价工具就是测试题。测试题能把学习者内在的学习结果转化为可观测的外显业绩表现，使我们能够根据外显的业绩表现对学习的结果进行评价。首先让我们了解一下有哪些常用的评价工具类型，也就是有哪些可供教师在评价学习时采用的试题类型和方式。

（一）评价工具的类型

常用的测试题类型可分为三类：认知测试类、表现测试类和态度性测试类。

1. 认知类测试题型

认知测试题要求学生通过外部行为表现复杂的内部思考，即认知能力。例如，让学生验算十道两位数的加法算术题，并在正确的题目后打钩。学生要完成这一任务，必须运用心算和辨别的智力技能，在正确答案后打钩就是这种内部认知活动的简易外显行为。

常用的认知评价试题可以分为主观性试题和客观性试题。客观性试题的答案是预先设定的，通常称为"标准答案"，评分时只要将学生的答案与此作比较就可。对于主观性试题，学生的答案可能会差别很大，因此无法预设标准答案。因此在评价时需要对学生的回答作主观判定。至于认知测试题本身没有什么主观与客观之分，所谓的主观题或客观题指的是我们批阅试卷的方式而已。

2. 表现性测试题型

客观性试题（选择题、判断题、填充题和匹配题）能让学生在短时间内回答较多的题目，而且便于机读评分，具有高信度、高效率、低成本的优势。但是选择题等客观题偏向于测试陈述性、知识性和低水平技能，比较难于测量解决问题等较高层次的能力。近年来，随着学生自我建构知识的能力越来越受重视，以扩展性任务为基础的表现性评价开始流行起来。表现性评价要求学习者解决课堂以外的一些重要问题或让学生来实际操作、项目设计、创作、论述、展示等。表现性评价也常常被称为"真实性评价"。

表现性测试要求学习者在有意义的问题或者活动情境中，回忆言语信息或运用程序性知识。表现性试题要求学习者综合地、较为复杂地运用陈述性知识和程序性知识完成表现性任务。

表现性评价测量的是学习者完成教学目标所要求任务的能力，表现性试题因其所受限制程度的不同可分为限制性的表现试题和扩展性的试题。限制性表现试题一般用于专门技能的评价，如朗读能力和操作某种仪器的能力；扩展性表现试题则用于评价学习者解决复杂问题、综合运用多种技能的能力。

在设计表现性评价试题时，教师需要准备好指导学生表现的有关要求。对学生的表现评价是一种主观性评价，因此需要制订评分程序和细则，编制等级评价量表，以尽量避免和减少差错，提高可信度。下表所示是一道表现性试题及其评分细则。

表现性评价试题和评分细则

[题例] 让一年级小学生按照四个季节的顺序，排列春夏秋冬四幅景色图的顺序，并在每幅图中填上相应季节的英语单词。

[评分细则]

得分	评分标准描述
5分	学生从任意一个季节开始，排对了图片的顺序、填对了相应的单词
4分	学生图片排序和填写单词中出现 1～2 个错误
3分	学生图片排序和填写单词中出现 3～4 个错误
2分	学生图片排序和填写单词中出现 5～6 个错误
1分	学生图片排序和填写单词中出现 7～8 个错误
0分	学生没有做题

分项评分量表对评价表现性学习结果特别有效，它不仅是评价学生行为表现的统一标准，也是教学的一种有效工具，因为量表中的评价标准其实也是对所期望的学生行为业绩的描述。

表现性评价有时也称为"真实性评价"，侧重的是在真实的生活环境中评价学生的表现。真实性评价任务都是学习过程中有意义、有价值的重要经历。例如，在真实性评价中，一名学生为了解释某种仪器的部件，可能需要动手组装一台该仪器；而传统的评价方法则是考查学生对该仪器部件的记忆。真实性评价的意义在于：评价是学习的一部分，是不断发展变化的，学习的效果只能通过学生在新的环境中应用所学知识和技能的能力的具体事实来证明。

3. 态度类评价工具

态度评价用以测评学习者对态度对象的感受或由态度支配某种行为的可能性。态度评价通常用自评问卷调查的方式，请学习者标出自己对问卷中关于态度对象的陈述的同意程度。虽然学习者在这些量表中对自己情感和行为所作的表白不一定完全真实可信，但他们提供的信息多少对我们做出正确的推测有些帮助。

收集评价学生态度和价值观信息的常用工具是瑟斯顿量表、李科特量表和语义差异量表。

（1）瑟斯顿量表

瑟斯顿量表中列出了关于某个问题的一些陈述，要求学习者根据自己对每句陈述的同意与否做出选择。通过量表所提供的信息，可以了解学习者对所测问题积极的或消极的态度。下表以测量学生关于考试态度为例展示了瑟斯顿量表的用法。

测量学生对考试态度的瑟斯顿量表

说明：仔细阅读下列关于考试的陈述，选择同意（A）或不同意（D）并画圈。没有标准答案。

A	D	1. 老师应该经常对学生进行考试。
A	D	2. 考试给学生带来很大的心理压力。
A	D	3. 有效的测试有助于教师评价学生的学习。
A	D	4. 有些学习结果难以评价。
A	D	5. 考试的结果可信度不高。
A	D	6. 考试结果有助于教师改进教学。
A	D	7. 考试应该取消。
A	D	8. 学生的自我评价比考试结果更有价值。

（2）李科特量表

李科特量表中也包括了瑟斯顿量表中所列的类似陈述，并要求学习者对量表中每个陈述做出从非常同意（SA）到非常不同意（SD）五种选择。李科特量表的计分是根据量表上的位置从1到5进行加权。学习者在这种量表上所有项目的总分反映了他对所测事物所持的态度。下表以学生对英语课程态度为例展示了李科特量表的用法。

测量学生对英语课程态度的李科特量表

说明：根据你对下列说法同意或不同意程度，给对应的选项字母画圈。
其中：

SA：非常同意；A：同意；U：不确定；D：不同意；SD：非常不同意。

SA	A	U	D	SD	1. 英语课非常有趣。
SA	A	U	D	SD	2. 探讨英语语法规则很有意思。
SA	A	U	D	SD	3. 课堂英语对话操练效果很好。
SA	A	U	D	SD	4. 与外国人用英语交流很有意思。
SA	A	U	D	SD	5. 我喜欢阅读课外英语读物。
SA	A	U	D	SD	6. 课堂中朗读课文是浪费时间。
SA	A	U	D	SD	7. 语法的教学枯燥无聊。
SA	A	U	D	SD	8. 英语在我们的生活中没有什么真的用处。
SA	A	U	D	SD	9. 英语课外作业难懂又难做。
SA	A	U	D	SD	10. 我对英语课没有多大的兴趣。

（3）语义差异量表

语义差异量表中的"语义差异"是指一个评价性词语与其反义词之间的各种层次。如"激动人心的"与"枯燥无味的"这一对词在语义上表示的是截然相反的两个评价，它们之间的语义差异用五个数字来表示，你可以选择其中的某个位置（数字）来表明你的态度。用于编制语义差异量表的词语都是一组组意义相反的形容词或副词。例如，有用/无用、好/坏、成功/失败、公正/偏见、高兴/悲伤、严厉/温和、轻松/紧张、高雅/粗俗，等等。下表以对课堂讨论的态度为例展示了语义差异量表的用法。

测量学生对课堂讨论态度的语义差异量表

说明：从下列各组形容词之间选择一个数字来表达你对课堂讨论的感受和态度。

不好的	1	2	3	4	5	好的
没有帮助的	1	2	3	4	5	有帮助的
富有成效	1	2	3	4	5	没有成效
消极的	1	2	3	4	5	积极的
有弊的	1	2	3	4	5	有利的

（二）选择评价工具的依据

在选择测试题的形式时，教师可能会问这样的问题：那么多的试题类型，我怎么知道哪种题型最好呢？其实，像任何工具一样，每一种题型都有其特点和适用性，没有所谓"最好的"题型，只有"比较有效的"题型。如果我们只用某一种评价工具（测试题型），那么，我们收集的评价信息就可能比较单一。应该注意的是，评判某种题型的价值和用途的标准是它能否提供评价所需的准确的信息，而不是使用者对题型的偏好。

那么，如何选择最有效的评价工具呢？教师在选择时可以参照三条标准，那就是高效度、高信度和高效率。所选择的题型应能够提供有关被测学习结果的最有效度的信息。

1. 效度

效度是指评价工具能够测得所期望得到的评价信息的程度。例如，尺子是一种测量长度的工具，用它来测量桌子的大小尺寸，它是具有高效度的，因为它能给我们提供桌子长、宽、高等信息。但是，如果要测量桌子的重量，尺子就毫无用处了。一次测试的效度高低要看它是否准确地反映了它所要测量的东西。效度是评价工具最重要的必备条件，一个缺乏效度的评价工具是没有什么使用价值的。当然，效度是个相对概念，任何一种评价工具只是对一定的目的来说才是有效的。例如，智力测验用来测学生智力是有效的，但用来测学生体力则无效。因此，我们不能笼统地说某测验有没有效，而应当说它对测量什么有没有效。测验的效度有多种类型，主要有内容效度、构想效度和预测效度。根据不同的需要，一个测验可以采用一种或几种效度。

2. 信度

信度是指测试结果的前后一致性程度，是评价工具质量的又一重要指标。例如，如果一个学生多次参加某种测试都得到相近的分数，那么就可以认为该测试稳定可靠，信度是较高的。效度是对测量的准确性程度的估计，而信度则是对测量的一致性或可靠性程度的估计。然而，效度和信度是交叠的，即有时一个评价工具对于某一个评价目的具有一定的信度，但并不一定是有效的；而如果一个评价工具对某一个评价目的是有效的，那么它一定是可信的。这正如拿一把尺子去量身高是有效的，也是可信的。如果拿它量体重，尽管每次量得的结果是一致的，即信度是较高的，但效度却几乎为零。

3. 效率

效率是指通过评价工具所得到的评价信息和编制、使用评价工具时所需的资源消耗之比。编制简单、操作容易、省时、信息收集便捷、容易解释，而效度和信度又高的评价工具当然是教师们的首选。但是这种两全其美的工具很少有。例如，对教师而言，论述题很容易编写，但是教师需要花大量时间去批阅评分。相比之下，客观测试题的评分要省时省力得多，不过在实际的编制过程中，工作量却大得多。在选择评价工具时，教师需要根据教学目标、教学对象，以及可获得的教学资源综合考虑，尽量选择和编制高效度、高信度和高效率的评价手段。下表所列的是教师在选择认知和表现类目标评价工具时需考虑的因素。

选择认知和表现性评价的题型考虑因素

题型 考虑因素	客观性评价				主观性评价		
	判断题	选择题	填充题	匹配题	简答题	论述题	表现题
效度	高	高	高	高	高	高	高
信度	高	高	高	高	低	低	低
目标覆盖面	大	大	中	中	小	小	小
答题难易度	易	易	易	易	难	难	难
编题难易度	难	难	难	难	易	易	易
评分难易度	易	易	易	易	难	难	难

第四节　偶发事件的处理

一、教学机智是教师必备的基本素质

作为一名合格的教师，在课堂教学中，应该具有教学预见能力。

所谓教学预见能力，是指在教学活动开始以前，对教育对象的身心状况、教学内容的适合性、各种影响因素干扰的可能性以及教学效果的估计能力。教师教学预见能力的核心便是教学思维。教师具有教学预见能力，不等于也不可能等于料事如神。因为在课堂教学中，情境瞬息万变，情况错综复杂，随时有可能发生意料不到的各种偶发事件，它需要教师正确而迅速地作出判断，并能妥善处理。这就要求教师必须具备教学机智这一基本能力素质。正如俄国教育家乌申斯基所言："不论教育者怎样地研究了教育理论，如果他没有教育机智，他就不可能成为一个优秀的教育实践者……"

教学机智是指教师成功地处理教学中意外事件的特殊能力。教学机智是建立在教师的观察和了解学生的基础上，它是观察的敏锐性、思维的灵活性和意志的果断性三位一体的独特结合。教师的观察力应准确、深刻、细致、敏锐，以便在课堂教学中做到"因材施教"、"有的放矢"。教师的创造性思维能力表现在课堂教学中能够富于想象，灵活多变。教师的意志品质突出地表现为自制能力，即善于控制自己的情感、行为，约束自己的动作、言语，抑制无益的激情等。教学机智不仅体现出对学生有明确、积极地感化作用，而且也能够对任何措施适时而巧妙地加以节制。

二、课堂教学机智的类型

1. 处理教学疑难的机智

教师在正常的课堂教学中（如讲解、提问和组织讨论），由于所提问题本身有一定的难度，经过学生的深入思考，他们会提出一些教师意想不到的疑难问题，使教师一时难于回答。这类事件处理不好，必然会打乱正常的教学秩序。

在处理这类事件中，要求教师应做好：第一，要实事求是，不懂不能装懂，更不能胡乱回答，蒙混过去，造成误人子弟；第二，采取恰当的方式，用最短的时间，把学生的思路引向疑难问题的"结局"，尽快导入正常教学；第三，要注意保护学生的好奇心；第四，一定要尽快地兑现许诺。例如，一位颇有声望的教师，在课堂上讲授《石灰吟》时，有学生提出疑问："为什么石灰刷完墙会变白呢？"这一下可真的把老师问住了。于是，她抱歉地回答："这个问题我也说不准，等课后查查资料再告诉你吧！"课后，她果真查阅了不少资料，终于弄清问题的答案，从而给学生作了圆满的答复。

2. 处理偶发事件的机智

偶发事件是指在课堂教学中突然出现的学生的不良行为。如学生之间的恶作剧（抽凳子、背后贴纸条等）；学生与老师间的恶作剧（提一些与教学内容无关的怪问题）；还有互相吵闹、打架、摔文具等。这类事件影响较大，常常扰乱课堂秩序，往往把教师精心准备的课程搅得一塌糊涂。

在处理偶发事件时，要求教师：第一，情绪要沉着冷静，不急不躁，善于具体问题具体分析，先把偶发事件的影响控制在最小范围和最短时间内；第二，要充分认识和挖掘偶发事件中包含的积极因素，善于引导，化消极因素为积极因素；第三，要化阻力为动力，把偶发事件变成磨炼学生品质、激发学生情趣、教育多数学生的一次机会；

第四，要注意态度严肃而温和，切忌遇事怒火中烧，粗暴对待，要运用巧妙的教学机智妥善加以处理。

三、处理自身失误的机智

课堂教学是一种极其复杂的创造性劳动。尽管教师认真备课，把可能出现的情况都作了估计，但是仍然避免不了出现一些意想不到的自身失误。如读错字、写错字、算错题、实验失败等。这些失误归纳起来有口误、笔误、内容遗漏、讲课"卡壳"、学生听不懂等方面。每个教师，尤其是年轻教师在教学中都可能遇到程度不同的自身失误。这就需要学会和掌握处理自身失误的机智。

在处理自身失误中，要求教师做到：第一，要沉着冷静，情绪稳定，切勿手忙脚乱。第二，态度诚恳，承认"失误"，及时纠正。第三，要深思熟虑，避免一个问题造成两次失误。反之，如果没有考虑成熟就急忙解释，结果漏洞百出，造成第二次失误，甚至为自身失误辩护开脱，一会儿一个说法，或与学生争论不休，这些都是不可取的。第四，要不动声色，对有些失误，力求在不转移学生注意力的前提下及时纠正（如写错的字擦掉重写，读错的字再读一次）。第五，要学会自我监听和及时从学生身上获得反馈信息，发现失误，及时纠正，以避免小错酿成大错，一错到底。总之，要善于开动脑筋，巧妙处理，最好把失误变成督促学生学习和教育学生、提高学生认识的动力。

四、处理课堂偶发事件的主要原则

课堂偶发事件的处理，必须能有助于消除教学工作的不利因素，有利于提高学生的思想认识，有助于树立教师的威信，并建立良好的师生关系。为此，教师在处理偶发事件时必须遵循以下原则。

1. 细心观察、预防为主

偶发事件虽然具有突发性，但它也有发生先兆、出现的必然性。所以，偶发事件的发生也是有规律可循的。教师应该对偶发事件的规律加以研究，从偶然性中找出必然性，从而达到预测和预防偶发事件的发生，把偶发事件的消极作用减少到最小程度。正如《学记》所言："大学之法，禁于未发之谓预……发而后禁，则扞格而不胜。"所以，细心观察，以预防为主是处理课堂偶发事件的基本要求之一。例如，课堂教学中大部分偶发事件都是由调皮学生捣乱、破坏纪律引起的，因而教师在课堂教学中预先对那些爱调皮捣乱的学生重点防范，严加注意。又比如一些学生爱在新教师的课堂里提出怪问题、难题，教师若对此有足够的重视和充分的思想准备，就会从容不迫、不乱方寸。

为了减少和避免偶发事件的发生，教师就必须深入到学生中去，以"明察秋毫"、"一叶知秋"的洞察力来了解学生、把握学生的思想脉搏，迅速判断偶发事件的成因，并采取相应的预防措施，防微杜渐，发现不良苗头，就把它消灭在萌芽之中。

2. 满怀爱心、教书育人

没有爱心，就没有教育。爱是教师和学生心灵沟通的基础，是教师取得教育成就的奥秘所在。偶发事件的处理，也要以爱心为行动的准则。在处理偶发事件中能表现出教师对学生的挚爱与高度负责的精神。有经验有责任心的教师从不会对偶发事件听之任之，他们往往从偶发事件中探求学生的思想动向、心灵奥秘，并能抓住偶发事件这一契机，达到教书育人的目的。一位教师在讲到"相遇"应用题时，刚要请同学上台表演相遇的样子，发现两个同桌的同学在双人课桌上用粉笔画"楚河汉界"，谁的手臂过了界，就会受到对方的惩罚。她灵机一动，把这两个同学请到讲台前，让他们俩相对站在两端，然后同时用不同的速度走向中间，并要求相遇时互相握手。这两个同学照样做了，教师及时地表扬了他们俩的成功表演，同时也批评了先前的错误做法。这两个同学又高兴又羞愧，回到座位上就把"楚河汉界"擦掉了。所以，教师在处理课堂上偶发事件时，只有满怀爱心，才能教书育人。

3. 沉着冷静、果断谨慎

面对课堂上的偶发事件，切忌急躁、冲动、感情用事，而必须做到沉着冷静，判断要正确，感情要克制，行动要果断，处理要谨慎。教师对学生的调皮捣乱行为要作具体分析，不要动辄发火、滥施惩罚，要善于克制自己的情绪，以平等的姿态对待学生，对学生犯有严重错误的偶发事件，教师要予以严肃的批评，说服教育他们，使他们明白错误的性质。例如，一位教师在讲课时，发现后面的同学一个个都抿着嘴"咔咔"地笑。教师走到后面一看，原来是一个同学的背上被贴了一张画有乌龟的纸条。教师怒不可遏，正要追查，但一转念又改变了主意。只见他轻轻地将纸条撕了下来，然后严肃地说："搞这种恶作剧，是对别人人格的侮辱，是不道德的行为。我向他提出警告，并请他下课后到办公室来一下，我相信他会主动承认错误并改正错误的。"说完他又继续讲课了。课后，一个"调皮鬼"果然来到了办公室……

4. 宽严相宜、掌握分寸

教师在处理偶发事件时，所采取的任何措施和手段，都要宽严相宜、掌握分寸。因为任何方法措施都只适用于一定的范围，都有一个"度"的问题，达不到或者超过这个"度"，都不能产生积极的作用，甚至可能产生相反的结果。教师在偶发事件的处理过程中，情感的流露、措施的宽严、批评语言的措辞等方面的适度都需要教师精心加以把握。所以，在处理课堂偶发事件中，切忌宽严偏颇。惩罚的基调高低，应与过错相适应。过严、过宽甚至溺爱都是不可取的。如果该严不严，就不能起到教育学生树立是与非、对与错的正确认识；如果该宽不宽，学生就会难以接受，认为教师是"小题大做"。因此，惩罚应准确，要适度，有分寸。一般说来，对过错要判断出是故意行为、重犯，性质比较恶劣的应予以重罚；对无意行为、初犯、程度较轻的，应予以轻罚。惩罚的宽严失当，必然给课堂教学带来混乱局面和对学生产生不良的影响。

五、处理课堂偶发事件的主要方法

偶发事件的处理是一件复杂的、自由度较大的创造性活动，一个偶发事件的处理方案可以多种多样，然而，教师需要在短时间内去寻找、筛选、确定一种最佳的教育方案，这的确是一件难度较大的教育活动。偶发事件的处理与其说是一种方法，不如说是一门艺术。这样说，倒不是认为课堂教学偶发事件的处理是不可捉摸、无规律可循的，诚如"教学有法，但无定法"一样，偶发事件的处理是有一定的规律和方法的，只是需要教师机智灵活地加以运用。

1. 趁热加工法

"趁热加工法"，是指在课堂教学中，当偶发事件发生时，教师应抓住时机，马上给予处理，趁热打铁，以取得最佳教育效果。例如一位语文教师刚刚跨进教室，发现学生都望着天花板，原来一个坐垫正挂在天花板露在外面的电灯线上。他正想发火，却转而镇静下来，灵机一动，改变了原来的教学计划，转而在黑板上写了《由坐垫飞到屋顶上谈起……》，让学生写一篇命题作文，收到良好的效果。学生通过亲身的感受，写出的作文真实生动，那位挂坐垫的同学，在作文中也承认了错误……又如，一位特级教师正在讲课时，发现学生的注意力被窗外飘过的柳絮所吸引，因势利导，让学生观察柳絮的飞舞状态，掌握"飘飘悠悠"一词的含义，收到意想不到的效果。"趁热加工"法，往往能使偶发事件及时得到解决，并给学生以强烈的思想震动和深刻印象，对日后偶发事件的产生起了震慑作用。但是，这一方法往往会占用一部分教学时间，甚至被迫变更原有的教学计划，影响教学任务的完成。

2. 冷却处理法

"冷却处理法"，是指教师在课堂上对一些偶发事件给予暂时冻结，仍按照原教学计划进行教学活动，等到课后的其他时间再作处理的方法。例如，某班学生做完早操回到教室，刚坐到自己的座位上，忽然有人发出"哎哟"、"哎哟"的惊叫声，老师发现原来有人在班干部的凳子上反钉了几个大钉子，是立即查找肇事者还是照常上课，老师选择了后者。他让学生把钉子敲平，就开始上课。到了下午，他留下班干部讨论"钉子事件"的原因，让班干部意识到自己工作上的缺点，并召开了"板凳上的钉子从何而来"的主题班会，使肇事者深受感动，主动承认了错误。冷却处理，能使教师有比较充裕的时间去考虑，选择恰当的教育方案，能够冷静地处理偶发事件。同时，它又不会妨碍教学工作的顺利进行。但是，还应该注意，由于"冷却处理"不能马上把问题加以解决，有时会影响到教育的效果。因此，有些偶发事件，必须及时地给予解决，而不能事事都"冷却处理"。

3. 以静寓动法

面对课堂上的偶发事件，教师只有沉着冷静，才有可能计上心头，找出解决问题的最佳方法。例如，一位教师兴致勃勃地走进教室，突然发现黑板上画了一幅自己的画像，引起课堂一阵骚动。但是，他竭力地控制住自己的情绪，平静而真诚地说："画得多好啊，确实像我。希望这位同学以后为我们班上的黑板报画画刊头、题花，大家说好吗？"同学们一阵应和之后稳定了情绪，教师开始讲课。下课铃响时，教师合上书本，惋惜地轻声说："时间不够了。"敏感的学生马上听出了教师的"话外有话"，明白了课堂上出乱子会影响大家的学习。从此以后，那位同学再也没有在课堂上捣乱了。

4. 幽默带过法

课堂上有些偶发事件使教师处于窘境，处理问题会拖延上课时间，还可能伤害许多学生的感情，如果不予理睬又损害教师的威信，甚至让事态进一步发展。在这种情况下，教师可以采用幽默法，暂时让自己摆脱窘境。例如，一位教师走进教室时，刚刚推开虚掩着的教室门，忽然一只扫帚掉了下来，不偏不倚，正好打在教师的讲义夹上，课堂上一片哗然。这分明是学生干的恶作剧。可这位教师并没有大发雷霆，而是轻轻地捡起掉在地上的讲义夹和扫帚，自我解嘲地笑着说："看来我工作中的问题不少，连不会说话的扫帚也走上门框，向我表示不满了。同学们，你们天天与我一起相处，对我有更多的了解，希望你们在课后也给我提提意见，帮助我改进工作吧！"课堂一阵窃窃私语之后，很快地安静下来了。这位教师面对损害自己的行为以幽默带过，既显示了教师的诙谐大度，又让自己摆脱了尴尬境地，还为学生创设了自我教育的情境。

5. 因势利导法

课堂中有些偶发事件的出现已经激起了学生的好奇心，完全吸引了学生的注意力，教师要想让学生重新注意于原定的教学内容十分困难。这时，可以转而发掘事件中的积极因素，因势利导地开展教育或教学活动。例如，冬季的一天，一位语文教师突然发现学生的注意力分散了。原来在茫茫的大雪中，一只大灰猫正蹑手蹑脚地逼近一只兔子。在这种情形下，教师没有制止学生观看窗外的精彩场面，也没有加大自己的音量去分析课文，以引回学生的注意。而是随机改变了自己原来的讲课计划，宣布允许学生观看这个场面。然后利用学生这种好奇心和兴趣，引导他们讨论这件事，并鼓励学生以这件事为素材，创造性地进行写作。

又如，一位教师正在讲课，一只燕子飞进教室，绕了一圈又从进来的那个窗户飞出去了。燕子闯进教室，分散了同学们的注意力。这时，教师没有批评学生，而是提出一个问题："谁能说说刚才燕子飞行的路线像我们学过的哪个数字？"同学们立刻回答说像"6"，学生们的注意力很快被吸引到学习上来。

以上两例，既顺应了学生的好奇心，满足了学生求知欲，又保证了课堂教学的秩序，扩充了课堂教学信息，达到了教学目的。

6. 巧妙暗示法

在课堂教学中，当偶发事件发生时，教师并不中断教学活动，而是用含蓄、间接的方法悄悄地提醒当事人，消除影响教学的不利因素，使教学工作按部就班地进行。比如，一次，许多教师去听一位特级教师的课，发现上课过程中有一个学生走了出去，过一会儿又一个学生也出去了，少顷两个人先后回来，可教师在这个过程中并没有中断教学活动，这是怎么回事呢？听课教师一头雾水，下课后询问这位特级教师。他说：我在上课时发现一个学生脸上很难过，坐立不安，知道他可能要大小便，便蹑到他身边示意他出去。过了一会儿这学生还没有回来，我便猜想他可能没带厕纸，便悄悄地让第二个学生拿了厕纸去厕所，果然他们就回来了。听课教师这才恍然大悟，无不表示钦佩。所以，教师采用巧妙暗示的方法去解决课堂上的偶发事件，既不影响教学秩序，又不损害学生的自尊心，比如教师通过目光、临近控制、提问等暗示方法来阻止学生的讲话，就不失为一种行之有效的方法。

7. 虚心、宽容法

虚心、宽容是建立和谐师生关系的重要条件，也是处理课堂偶发事件的心理基础。宽容意味着教师对学生的一种理解和信任。宽容在处理偶发事件中的作用是极富有艺术性的。宽容不是软弱无能，不是无原则的迁就，更不是对学生的不良行为的默认和纵容与包庇。宽容要使学生能在心灵深处反省，宽容要使学生体会到教师的仁厚和良苦用心。只有如此，虚心、宽容才能够取得显著的教育效果。有些偶发事件，往往会使教师感觉到自己的尊严受到挑战，感情和威信受到损害。因而有的教师便采取居高临下、以牙还牙的方式对待当事人，这样只能使偶发事件更加恶化，完全是不可取的。教师应给予学生更多的爱心与理解，促使学生自我反省、自我教育。例如，一位教师走上讲台，发现讲台桌上放着一张字条，上面用仿宋体工工整整地写着："老师，你以为当老师的就可以压服学生吗？你高昂着头，铁青着脸，像个活阎王，但是有谁怕你呢？"落款是"你最讨厌的、等待你处罚的学生"。这位教师不是马上要查处写字条的人，反而在班上宣读了字条的内容，并检讨了自己平时工作方法的不足，感谢这位同学给自己敲了警钟。接着这位教师结合本节课的内容，给学生布置了《我们的班主任》一篇作文，让学生提意见、写真话。学生都对老师的民主、平等、虚心、宽容感到由衷的钦佩，从而形成了和谐的师生关系。

8. 共同探讨法

在课堂教学中，教师出现错误是难免的，出现这种情况，可采用师生共同探讨的方法，处理好这类偶发事件。例如，一位教师利用发现法教"圆的面积"，让学生拼摆事先准备好的学习材料。有的学生把圆拼成了梯形、三角形。照理说，无论是拼成长方形、平行四边形，还是拼成梯形，都能顺利地推导出圆的面积：$S = \pi r^2$。但是，由三角形推导圆面积公式时出现了误差，竟推导出：$S = 2\pi r^2$。教师意识到讲错了，可复查推导过程，未能查出。教师不仅没有发慌，反而灵机一动，若无其事地笑着对学生说："现在我要考考同学们的注意力，看谁能发现老师推导的错误。"全班学生思考着、检查着，纷纷地举起了手，把错很快更正过来。这样，通过发动学生共同探讨和更正错误，一方面调动了学生学习的积极性，另一方面，也为教师赢得宝贵的时间。

9. 随机调整法

课堂上有时由于各种原因，上课时打乱了原计划的教学结构，例如，忘记了板书课题，讲授后忘记小结等。遇到这种情况，如果从头再来，时间不允许；如果立即补入某一环节与教学进程不吻合。这时教师可以灵活机动地调整原计划的课堂教学结构。例如，一位教师在讲课中，进行到课堂作业时，他边指导学生做作业边回顾教学内容，发现还没有板书课题。他没有惊慌失措，而是不动声色地继续往下进行。在做课堂总结时，强调了本节课的教学内容，根据同学们的发言，自然地补写上了课题。这样，板书课题由原来的开篇点题调整为结尾点题，既点出了课堂教学的重点，又使课堂教学环节完整无缺，其效果并不比原计划差。

综上所述，课堂教学中，由学生引起的偶发事件占课堂偶发事件的绝大部分。教师一般的处理方法都是视问题的性质对当事人进行批评教育，以消除不利于教学的因素。诚然，批评教育不失为是一种具有普遍意义的方法，它能有效地制止学生的不良行为。然而，偶发事件作为突发的事端，其背后隐藏的动机是多种多样的。对那些因品德不良引起的偶发事件，教师必须在思想上高度重视，严肃地进行批评教育。对那些因调皮、捣乱、无知等引起的偶发事件则无需采取十分严厉的态度，不必扩大事态，上纲上线。而对那些因自身工作失误或外界干扰引起的偶发事件，要善于出奇制胜、超乎常规地加以解决。教师要利用自身的教学能力，在课堂上做到"眼睛一扫，了解全貌""眉头一皱，计上心头""将手一伸，鸦雀无声"。教师如果仅仅依赖自己的身份去压制学生，往往会使学生产生反感情绪或顶撞行为，不但不能平息事态，反而会激化矛盾。为此，教师需要视偶发事件的成因灵活地加以处理，正所谓："阵而后战，兵法之常，运用之妙，存乎一心。"上面所介绍的九种方法，或许会对广大教师有所启迪。

第三章　教学方法的设计和学习

第一节　教学设计的含义

一、教学设计的概念

教学设计是一门关注理解和改进教学过程的学科。任何设计活动的目的均旨在揭示达成预期目的的最优途径。因此，教学设计这门学科主要关注规定最优教学方法的处方，从而促使学习者的知识和技能发生预期的变化。如何使人的学习更加有效，这是教学设计所要解决的问题。教学方法设计主要说明不同的教学方法（促进人的学习与发展的不同条件）以及何时使用、何时不使用这些方法。

赖格卢特认为，对"教学设计"这个术语，不同的人有不同的理解。一种是将它看作过程，一种是将它看作结果。将教学设计看成是结果的人，主要关注教学设计最后所要形成的方法或者要实现的任务。例如梅里尔的"成分呈现论"就是一例，这一理论特别重视讨论如何概括、如何举例、如何安排练习等等。将教学设计看作过程的人，往往将重点放在探讨如何指导教师制订计划、如何一步一步地达到目标等方面。例如，迪克等人的见解就是这方面的代表。这一理论所讨论的"前景分析"，在教学结果理论中就不一定会涉及。

为避免混淆，赖格卢特建议使用"教学系统开发"来指称"过程",而用"教学理论"来指称"结果"。"教学设计"常用于指称过程和结果中的任何一个。

赖格卢特进一步指出,过程观和结果观之所以会混淆还有另外一个原因,这就是持结果或产品观的人常常也会谈到"教学过程",有人就会把它与教学开发过程混为一谈。应该指出的是,前者实际上属于"结果"范畴,后者才是真正的"过程"。

至于教学设计的根本作用是什么,这还是同"过程观"和"结果观"有联系的。教学设计的过程观强调对教学开发人员进行指导,教学设计的结果观强调对教师如何施教进行指导。然而,实际情形并非如此简单。例如,教学开发人员也要考虑教学的内容问题,所以二者实际上有交叉、渗透。但无论将教学设计看成是结果还是过程,归根结底都是为改进教学实践服务的。

二、课堂教学设计的理论基础

教学设计是一种以认知学习理论为基础,以教学信息的传播为中介,以系统方法论为指导所进行的计划过程。因此,认知学习理论、教育传播理论是课堂教学设计的理论基础。

1. 认知学习理论

认知是一个哲学概念,也是一个重要的心理学概念。在现代认知心理学中,认知通常指人怎样获得和应用知识。它的基本作用是获得外部世界的信息,把外部信息转化为自身的知识结构,然后应用这种知识结构去指导自己的行为。在现代认知学习论中,具有典型意义的是加涅的学习分类理论。加涅根据产生学习的情境,由简到繁、由低到高，把学习分成八类，顺次排列成一个层次等级。低级学习向高级学习发展，高级学习要以低级学习为基础。这八类学习是：

第一类——信号学习：经典条件反射，包括不随意反应。

第二类——刺激反应学习：操作条件反射。

第三类——连锁学习：一系列刺激反应动作的联合。

第四类——语言的联合：与第三类学习一样，只不过它是语言单位的连接。

第五类——多样辨别学习：认出多种刺激的异同之处。

第六类——概念学习：在对刺激进行分类时，对事物抽象特征的反应。

第七类——原理学习：概念的联合。

第八类——解决问题：在各种条件下使用原理达到最终目的。

加涅的学习过程阶段模式，揭示了人类掌握知识、技能，形成能力的发展过程。

2. 教育传播理论

在学校的课堂教学中，教师利用各种传播媒体（幻灯、投影、教科书以及教师本人等），向学生传递知识技能的活动是一种教学信息的传播过程。在校外，通过广播、电视等媒体，传播学习内容，也是一种教学传播活动。

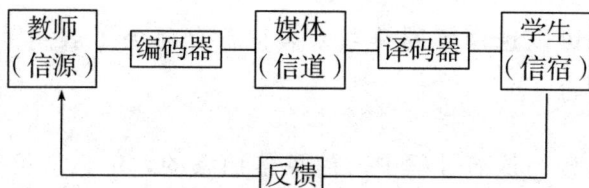

传播过程模式图

在所有的课堂教学传播过程中，无论是简单的还是复杂的，都要经过同样相似的过程。通常均包括五个基本要素：

（1）传播者（教师）

传播者（教师）在传播过程中处在发送信息的一端，主要任务是：第一，提供信息。根据教学目标的要求，选择和收集适当的信息内容，并以一种能使学生容易理解的方式，组织和编排教学内容和材料。第二，信息编码。把传递的信息内容（如知识、技能）转换为适于传递的信号（如声音信号、书写文字信号、图像信号等），以便传递出去。

（2）信息

信息是指传播的内容和事实，包括消息、资料、知识、数据等。课堂教学中传播的信息是指根据教学目标要求，学生必须掌握的教学内容。

课堂教学中的教学内容作为信息存在，是不能被直接传递的，而是以信息符号的形式传递的。信息的符号有语言符号和非语言符号两种。

语言符号：有口头语言符号和文字符号。

非语言符号：有动作性符号、音响符号、图形符号和目视符号等。

不同信息可以选用不同符号来表征，有时为了表达某一信息，往往使用多种符号。

由于在信息的传播过程中，信息是抽象的，信息的符号是具体的，但还不具备能直接传送或成为接受的刺激物，只有当信息的符号成为信号时才能刺激接受者的感官而被接受。因此，在传播过程中，必须进行编码和译码处理。编码过程是在发送端将信息转换为信号的过程；译码过程是在接收端将接收到的信号转换成信息的过程。

（3）媒体

教育传播媒体，是指直接介入教育和教学活动过程，用来记录、储存、传递和再现教育信息的载体，是传播者与接受者之间信息传播的中介物，如幻灯、投影、广播、录音、电影、电视、电子计算机等。

（4）接受者

接受者是处于传播过程中接受信息的一端。主要任务是：第一，译码。要把接收到的信号转变为信息内容。第二，反馈。需要把接受信号后所产生的反应、思想、行为的变化，反馈给传播者（教师）。

（5）效果

教学传播的效果，可以表现为学生知识的增长、态度、思想和行为、能力的变化。

三、课堂教学设计的原理

课堂教学设计是以现代教学理论为依据，又具有指导实践的可操作性。它的可操作性表现为对教学活动的这一系统的各个要素或各个组成部分的分析与提出，都提出理论依据、操作内容、方法和程序。所以，了解掌握教学设计所应遵循的原理，对提高设计的科学性，寻求与操作设计的最优化，是极为重要的。

1. 目标导向原理

教学活动从开始到结束，首先要解决的是"教师教什么和学生要学什么"的问题。只有从明确、具体、科学的目标出发,通过有效的教学设计和实施,才能取得最佳的教学效果。所以,课堂教学目标设计决定着课堂教学的方向。教学目标的这种导向作用主要表现在三种功能上:

第一,目标指向功能。把人的心理活动调节到与教学目标有关的问题上,排除不利因素的干扰。

第二,目标的激励功能。教学目标是依据教学规律、考虑教师与学生的需求和可能性设计的,一切通过克服困难可能达到的目标对个体学习行为均有激励作用。

第三,目标的评价功能。教学目标设定之后,它便成了操作过程中的评价尺度。这种评价结果又作为反馈因素,调节着所有的教学活动的要素,不能偏离教学目标。

2. 教学活动的整体优化原理

教学设计按照整体优化原理,在设计过程中,必须解决下列问题。

第一,任何一项教学活动及设计必须以整体作为存在前提。

第二,任何一项教学活动及设计必须体现出整体的系统性。

第三,任何一项教学活动及设计必须考虑整体的构成要素及结构和功能。

第四,任何一项教学活动及设计必须能从静态构思转向动态操作。

第五,任何一项教学活动及设计必须能根据系统内外部的变化因素,不断调整,从无序走向有序,达到优化。

3. 反馈控制原理

教学活动作为整体，在其运行过程中是可控制的，这种控制是控制者通过控制手段对被控制者的控制，以期达到预定的教学目标，也才能使教学活动的任何一个整体系统达到有序。

控制而达到有序，主要是通过反馈这一基本方式来实现的。任何一种教学活动设计在实施前，都必须依据前一个教学过程的反馈信息，对新的设计方案的各方面因素进行分析，制订出更科学、更有效的实施方案。

第二节 教学方法的设计

教学方法是教师和学生为完成教学任务，实现教学目的所采用的工作方式。选择什么样的教学方法，是每一个教师都无法回避的教学策略问题，是决定教学效率和整个教学成败的关键。

迄今为止，在长期的教学实践中涌现出的教学方法简直令人眩目。这既给教学方法的设计提供了较大的自由空间，同时也给教学方法的设计增加了难度。那么，作为一名教师，如何确定你的教学策略，如何将多形式、多功能的教学方法有效地加以设计呢？

一、教学方法的设计应符合教学规律和原则

教学规律是教学过程中各要素之间内在的、本质的、必然的联系，教学原则正是从这种必然联系中引申出来的对教师在教学过程中的基本要求。教学规律和教学原则好比是教学工作这汪洋大海上的航标灯，只有认识并遵循它，才能克服教学中的盲目性，顺利地到达彼岸。教学规律和原则对教学工作的制约作用，突出地反映在教学方法的制约上。只有在教学规律和原则的指导下，教师才能明智地选择各种教学

方法，并使之合理地构成某种体系。因此，当教师选择某种或某些教学方法时，应注意处理好各种矛盾关系。如是否有利于发挥教师主导作用同时又有利于发挥学生的主体作用？是否有利于理论与实际的结合？是否能使掌握知识与发展智能的任务统一实现？是否能使学生在掌握知识的同时提高思想品德？能否在统一要求的基础上因材施教等等，这些矛盾的解决都是选择教学方法的重要条件。

二、教学方法的设计应服从于教学目标

教学目标是教学任务的具体化。从事各科教学的教师，都应把教学的基础任务转化为本学科、本单元、本课时的具体的教学目标。譬如，在一节课内我们不可能全面发展学生的能力，但可以发展其中的某一侧面。这样，每一单元、每一课时的教学任务就不再是几个处于悬空状态的笼统的任务，而是由多项具体任务组成的目标系列，即包括传授哪些知识、形成哪些技能、培养哪些思想品德等等。而某一方面的目标，都要求与之相应的教学方法。如目标中包括发展学生的观察能力，就相应地采取直观的方法；要发展学生的口头表达能力，则采取谈话法、讨论法；要培养学生动手操作能力，就采取实验或实习作业法。总之，方法是为目的服务的，教学目标是选择教学方法的出发点。

三、教学方法的设计应符合教学内容特点

方法是内容的表现形式。各科教学内容都有自己的特点与表达方式。学科性质、内容与表达方式不同，所要求的教学方法也不同。例如，科学课中常常用演示、实验法，而语文、历史课就不宜用这个方法。再如，讲读法是语文、外语课常用的方法，用于体育、美术、音

乐课则不合适，因为后者着眼于某种技能的培养和训练。所以，应以使用练习为主。此外，学科特点不同还不仅仅影响到不同方法的选择，而且也决定了同一方法的不同表现形式。如与创造性思维密切相关的发散思维，在不同学科中无论是操作对象，还是操作形式均有很大差异。如数学课，操作对象是数字、图形，教师可以通过一题多解等方式引导学生进行发散思维，而语文课上操作的对象是语言文字，所以通过一词多解、一事多写等方式让学生进行思维发散；音乐课上，操作对象变成了音符、旋律，所以教师通过让学生根据旋律想象音乐形象进行思维发散。总之，选择教学方法时应尽可能考虑教材的特点以及学生掌握该内容所必须具备的智力活动的能力。

四、教学方法的设计应从学生的可能性出发

学生的可能性条件主要包括两方面：一是年龄特征，二是知识基础。学生的年龄不同，与学习有关的心理活动的特点也不相同。因而，对小学生所采用的方法，应当与中学生不同；同样是小学生，对低年级和高年级也应有所不同。同样在认识活动的方式上，随着年级的升高，复现式的方法将逐步被局部探索法、问题性探索法所取代。

学生已有的知识储备也制约着各种方法的取舍与运用，如：当多数学生对事物已有大量的感性认识时，就不必再进行类似的直观教具的演示；反之，如果学生缺少必要的感性认识，就必须采取直观演示的方法。如果学生的认知结构中包含了与新知识有关的若干概念，教师就可以采取启发式的谈话法；反之就不宜使用谈话法。

五、教学方法的设计必须考虑教师自身的主观条件

任何教学方法，只有适应教师的素养、条件，才能为教师所掌握，发挥作用。如果不考虑自身的知识、能力和个性特点，虽有好的方法，教师却驾驭不了，就不能收到预期的效果。譬如，运用发现法教学，教师本身对教材的理解必须有一定的深度，并能随着具体情况的变化，灵活自如地运用不同语言表述对问题的理解，能针对学生问题的症结所在，及时而恰当地点拨，使学生豁然开朗。如果教师对教材的掌握很肤浅，远没有达到融会贯通，那么启发式谈话中，遇到学生从不同角度提出各种看法，教师就难以随机应变，抓住要害，顺利地引导学生探索问题，弄清理论。例如，有的教师在地理教学中成功地运用发现法，并总结出这种成功所依存的条件：首先，教师要明了地理学科中哪些是学生应着重掌握的，即学科的基本结构。其次，要知道怎样运用发现法。再次，要善于引导学生的学习过程，即对课题的态度和思考方法。教师要善于提出学生感兴趣的问题，帮助学生找出急待解决的问题与已有知识的联系，培养学生地理思维能力和运用地图学习地理的习惯，使学生学会解决具体课题的思维方法。可见，教学方法的选用，在很大程度上取决于教师对教材的掌握以及教师对各种方法与技巧的驾驭与运用能力。

但是，不同的教师不仅在对教材的掌握与方法的运用方面存在着水平高低之差，而且教师的个性特点也为各种方法的选用提供了现实性基础。因此，在教学实践中，教师本身的特点也常常决定他偏重哪些方法。譬如，为了说明同一问题，有的教师形象思维发达，便可以

用生动、形象的语言把问题的事实和现象加以生动的描述。有的教师不善于描述，但善于运用直观教具，以此很快地讲清理论。前一类教师可以用讲述法，后一类教师则可采取直观演示法进行教学。教师应根据自身的特点，扬长避短，发挥个人优势，采取与自身条件相适应的教学方法。

六、教学方法的设计必须考虑各种方法的功能与效率

不同的教学方法各有其功能，因此在完成不同的具体任务时，所表现出的有效性（或价值）是不同的。比如在完成一系列目标中，复现法和问题探究法就各有长短。苏联教学论专家巴班斯基曾将各种方法在解决不同任务中所显示的有效性列表进行比较。其中，复现法对于形成"实际知识"、"实际操作的动作技能"、"直观形象思维"、"记忆"、"学习技巧"等方面的目标中的"高效"；在形成"理论知识"、"语言逻辑思维"、"语言"、"认识兴趣"、"意志"、"情感"等方面为"基本有效"；而对于形成"思维独立性"则"成功性低"。与此相对应的"问题探究法"对于形成"理论知识"、"语言逻辑思维"、"思维独立性"、"认识兴趣"、"意志"、"情感"均为"高效"；对于形成"实际知识"、"记忆"、"学习技巧"为"基本有效"；而对于形成"实际操作和劳动技能"、"直观形象思维"，则"成功性低"。其他方法，如"口述法"、"直观法"、"实际操作法"等等，在完成不同任务方面，均表现出不同的作用。

有效性是决定教学方法的重要指标，但教学是一种有高度计划性的活动，这就决定了给定的教学时间也制约着各种有效方法的最后取

舍。譬如，问题探索法虽然在培养诸如"思维能力"、"思维独立性"、"认识兴趣"等方面最切近我们的教育理想，但它比其他方法消耗更多的时间，因而教师为了在规定时间内如期完成任务，有时不得不放弃某些当初选定的教学方法。同样，有些方法虽然单从效果看是不错的，但这种方法花费了大量的时间和精力，较多的物质消耗（教学手段、设备也制约着方法的可能性），这种方法也会因消耗过大而不被选用。明智的选择是在有效性和效率之间取得平衡，即选择那些在规定时间（或较少的时间内）最大限度，最充分地实现预定教学目标的方法。

教学方法作为教学过程的基本要素之一，与其他几个要素之间相互联系、相互制约，教师在教学实践中，应从整体的观点出发，在对各种教学方法充分掌握的基础上，创造性地加以设计，实现多种方法的最佳组合。

第三节 教学方法设计的学习

以下所要讨论的不是学习和研究教学设计的特定方法，而是为提高教师的专业素养，我们可以做些什么、想些什么。有了正确的心态，有了适当的思维方法，我们就能做到事半功倍。当然，我们只是想从交心谈心的角度来说些体会。

一、掌握学习方法

当代著名教育家布鲁纳曾经表达过这样一个意思：一个人学习一门学科的知识，不是要建立有关这门学科的小型图书馆，而是要掌握其知识结构和方法原理，只有这样，我们才能从知识的成品仓库进入知识的生产车间。所以，我们学习和研究教学设计，当然是离不开掌握教学设计的知识，但这不仅仅意味着一个人知道些什么，了解了什么，而是表示一个人有了独立思考的力量和自由。所以，学习的过程必须同研究和应用的过程结合起来，努力做到三位一体，彼此促进。

掌握学习的方法，不妨借鉴"系统化解决问题"的方法，也许会有所启发。表中所选用的动词是"学"，其实完全可以用"做"、"读"、"写"、"看"、"想"等各种动词来替换。

系统化解决问题的方法

	当前的事实	理由	可能选择	目标核查
何事	现在学什么	为什么学它	能否学其他的	应该学什么
如何	如何学	为什么这样学	能否用其他方式来学	应该如何学
何时	何时学	为什么在那时学	能否在其他时间学	应该在何时学
何地	何地学	为什么在那里学	能否在其他地方学	应该在哪里学
何人	谁来学	为什么是谁来学	能否由其他人来学	应该由谁来学

在学习时，有以下几点建议：

1. 学习是独立思考的结果，不能全部或者主要建立在教科书的结论和其他教师的讲授教案上，尽信书，不如无书；尽信师，不如无师。正像美国人本主义心理学家罗杰斯所说，凡是能够由教师直接教给你的东西，总是无用的。也就是说，有用的东西不可能完全由别人教给你，只有靠自己用心建构。作为教师也是如此。

2. 钻研课本和听公开课主要应该把握作者或教师的思路，学习作者或其他教师是如何确定一个问题的、如何分析一个问题的。教师讲课要讲思路，学习的老师要模仿、研究或者质疑这一思路。不要花许多不必要的力气去记住细节。要广泛采用列表格、画示意图、写摘要、提问题等学习方式。

3. 其他同行的观点和教科书的结论，各种学术著作、论文中的阐述，都只是一家之言，最好的情况下是能够自圆其说，"看起来更美一些而已"。科学理论在很多情况下只是研究者觉得这一种方便的叙述，并不是"科学"的。尤其是教育科学，它要回答的是"非良构"问题，合理的答案不止一个，寻找合理答案的路径也有多条。因此，不要总是试图去寻找权威说法，不要以为只有一种见解才是合理的。教学中一个重要任务是发现不合理之处、矛盾之处，不断学会提出问题。能够提出正确的问题是解决问题的一半，剩下的一半便是如何调动已有的知识和个人的见解去论证和解决问题。要淡化固有的经验和结论的支配、决定作用。教学时要有积极研究的意识，勇于探索的气魄。

4. 由于信息激增，任何学科的书和资料不一定都看得完，除了训练快速阅读的技能之外，还要明白一个道理：许多书不是要全部读完的，更不是要全部记住的。重要的是要知道在哪本书里大概讲了哪些题，哪些信息可以通过哪些渠道去寻找。也就是说，要在你的头脑中建立一套索引装置，将精力从信息贮存转移到信息检索，这样，既减轻了记忆的压力，也能够留出更多的时间来思考，而且学会了信息检索的方法。从信息检索到信息组织乃至知识创新也许只有几步之遥。

5. 既然制订教学设计的过程就是研究的过程和应用的过程，那么，就要舍得时间去查阅文献，浏览网址，做文献索引，写读书笔记，写摘要。要耐得住寂寞和甘于承受思考带来的焦虑，会吃苦，有毅力，瞄准方向，沉下心来"等"热点而不是一味去"追"热点，这常常是学习和研究成功的保障。

二、实现知识交叉

教学设计从一定的角度上看，是隶属于教育技术学领域的，但是对教育技术的理解有的学者倾向于将技术分为硬技术（硬件，hardware）、软技术（软件，software）和潜技术（潜件，underware）。所以，学习教学设计，一定要重视做到教育理论、学习理论（教育心理学）和教育硬技术并重。

对一个普通的教师或教研员而言，他可能在教育技术方面并不擅长，他所关注的是学科，他希望教学设计能够使得自己在学科教学上如虎添翼。怎样才能如愿以偿呢？我们的观点是既要基于学科，同时又超越学科。所谓超越学科界限，不是不要学科界限，而是要再进一步，同时也习惯于从学习任务的类型来施教，这可能是提高教学效益的一个突破口。否则，我们很难设想不同学科甚至同一学科不同年段的教师之间还有什么彼此学习交流的可能性。

现代教学设计甚至课程设计一直强调的是超越学科界限，依据学习任务类型（如认知、情感与心理动作等）来选择教学策略。所以，一个真正的优秀的学科教学设计应该是超越学科本身的。一个数学教师、语文教师成功的经验，如果能够让其他学科老师学了也有启发，也能受用，这才是值得我们追求的境界。

每一个学科教师或教研员，在自己的学科教学领域学有专长，这是搞好教学设计的基本前提，同时也应该努力掌握教学设计理论中所包含的教育学、心理学和教学法的知识技能。这是教师专业成长的自由之路。所谓专家型教师，是指有优越的个人特质和高学历，不仅会表现出在他所擅长的领域比别人知道得更多，同时也应该努力在他所不擅长的领域能够比别人更有热情地去追求新知，学得更快、更好。

三、关注教学实践

系统有效地设计教学，是一个教师专业发展的可靠保障。有效设计教学是一个长期的过程，其重心应落在减负增效和转变教师教学指导方式上。

我们经常遇到的一个问题是：教师有许多事情要做，能够腾出精力来细致地开展教学设计吗？如了解学情、确定目标、分析内容、选择策略、实施教学与评估、诊断困难等等。应该意识到，在最初开展教学设计时，我们的确会耗费一些时间，但这仍然是一件值得去做的事情，例如，有些学习内容将来也许会重复，那么，有些工作环节就不再需要重起炉灶。而且，随着教学经验的不断积累，在系统设计教学时就会更加得心应手、更加熟练。此外，并不是所有的教学设计工作都需要伏案疾书，有些工作只要在心里过一遍"电影"也可收到很好的效果。

学生的学习程度参差不齐，这是很正常的，并不能成为远离教学设计的理由。学生的差异是客观存在的，但并不是不可逾越的障碍。问题在于我们必须清楚障碍在哪里。作为任课教师，我们应该适当地处理课程标准、教科书和学生实际情况之间的落差，而不是盲目地追求所谓达标，简单地赶进度、覆盖教材内容。教师应当从自己所任教学生的实际情况出发来制订教学目标，同时，将班上学生的差异作为一种建设性的力量予以利用。唯此，我们就可以采取各种手段，在各门学科的教学中很好地开展教学设计。

　　教学设计的应用也取决于教师个人的意愿和态度。目标导向的教学设计需要教师付出更多的努力、毅力和思考。想让学生介入有兴趣的活动并不是一件太难的事情，重要的是要让学生从这些活动中学到一些新东西，这就离不开持续的思考、计划、评估和反思。

　　四、善用网络资源

　　网络的普及使我们得以足不出户就能广泛便捷地利用各种资源。以前我们还能说在偏远地方或在一般的学校中学习，或者说在比较偏远的地方教学，各种条件不尽如人意。但是现在，只要你能够上网，只要你掌握了检索和筛选提炼的方法，只要你持之以恒，做一个有心人，只要你有一定的外语基础，那么，"世界触手可及"。弹指一挥间，你就可以同大师对话，你就可以与同学或同事沟通。

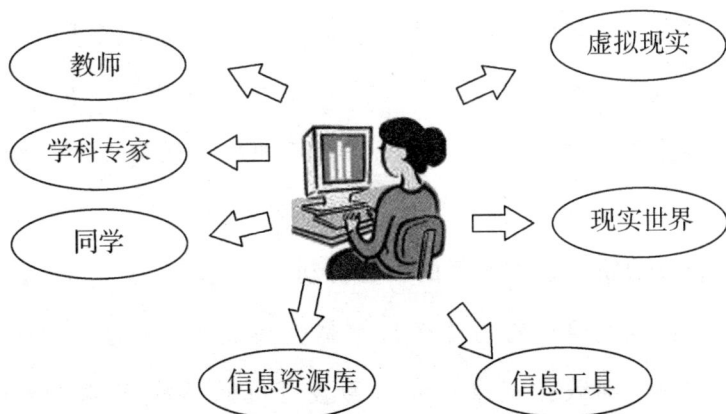

网络环境学习

第四章　教学法的研究

第一节　行动研究与教学叙事

在新课程背景下，各科教师获得了千载难逢的发展机遇，如果能抓住这个机遇，变"教书匠"为"研究员"，一定是广大教师教坛人生的一件幸事。而当我们解决了要不要搞教研的问题之后，凸显在我们眼前的就是教学研究的方法问题。长期以来，我们对于教研方法问题并没有引起足够的重视，但它却是关系到我们的教学研究能否进行下去、能否取得成效的关键所在。作为新课程教学一线的广大教师，虽然缺乏足够的时间和精力进行系统理论研究，但是可以通过掌握科学有效的方法进行教学应用研究，这样，既能解决教学中的实际问题，又能在参与新课程改革的过程中提高自己的教学研究水平，实现自己的专业发展。

一、让行动研究成为教师的自觉行动

多年来，教师搞科研为什么常常是虎头蛇尾，不了了之？或费了九牛二虎之力，却收效甚微？或认为教育科研高深莫测，退避三舍？其中一个重要的原因就是教师选择的研究方法不当。在众多研究法中，行动研究法应用最广，这种方法并没有用孤立变因和偏重数据处理的自然科学研究模式来研究教育教学中的问题，所以我们也没有感到搞教育科研有多么复杂和艰难，以致教育科研的神秘感荡然无存。试想，

工作在一线的大多数教师，搞科研和理论积累的到底有多少？让我们集中时间去搞研究是不是有可能？要我们向专业理论研究工作者那样去观察、统计、分析有没有必要，能不能做到？这些问题都值得我们去深入思考，我们千万不要误导教师去做"徒劳无益的"科研工作。马克思主义活的灵魂就是一切从实际出发，实事求是。广大教师搞教育科学研究也应是如此。实践证明，中小学一线教师尤其是品德课程教师更适用于以行动研究为主，同时，吸收其他科研方法有益的东西来搞教学研究，这样更容易出成果。

（一）审视行动研究的价值，唤醒行动意识

行动研究法是美国心理学家勒温在群体动力学研究中首创的方法。他将个人行为的"场理论"应用于群体行为的研究，提出了"群体动力学的理论"。在他看来，行动研究代表了实践与应用之间的关系。在教育行动研究中，教师一改以往的知识传递者身份，直接参与到研究中来，成为研究者，从实践者上升为研究者的教师，在行动中研究，在研究中行动，通过行动来研究，通过研究来发展。在这个过程中，教师的专业素质得以成长和发展。

首先，行动研究可以增强教师的专业性，进而改进其教学工作。英国课程专家、行动研究的主要倡导者之一斯腾豪斯在他的《课程研究与编制导论》一书中提出教师专业发展有三条途径：①通过系统的理论学习；②通过研究其他教师的经验；③在教室里检验已有的理论。后两条途径都涉及到"研究"，他认为教师最主要的活动场所是教室，而教室是检验教育理论的理想的实验室，而教师作为身临其境的观察者、实践者与体验者，凭着自身的优势，可以通过研究来系统地解决课堂中遇到的问题。为此，埃里奥特建议"教师成为行动研究者，在行动中研究"，在研究中行动，使研究与行动真正合二为一。这样教师不但可以检验他人的假设，而且还可以在自己的行动中提出自己的理论假设。由于教师了解自己的行为习惯和思想观念，他才有可能了解自己还存在什么不足，进而采取行动改进自己的工作。如果教师对自己的行为缺乏意识，对学生在成长过程中遇到的困难不了解，则不可能认识到改革的必要性，更不可能有效地改善自己的教育教学实践。教育行动研究证明，教师成为研究者，可以获得专业知识，也能够成功地致力于专业问题的解决，而这种专业知识的获得、教学能力的提高将大大促进教师素质的发展，增强教师职能的专业性。由于实践研究的课题均是学校发展与改革中的具体问题，因此，教师的发展实际上也就与学校改革建立了有机联系，而行动研究表明了提高专业实践认识和参与实践革新绝不是少数精英的特权，教师可以不断且有责任地开展针对自己专业的研究。可见，行动研究的重要功能之一就是改进教师的专业能力、提高教师的素质。

其次，行动研究增强了教师的教学和研究的信心。传统模式下的教育研究往往是由专家在教育环境中进行的，研究者与教育实践者经常是互不关联的，研究与行动也是互不干涉的，结果导致了理论与实践相脱节，有些教师则认为研究不是他们力所能及的事情，他们的任务、责任，就是"教书"。在这种自我否定的观念下，他们也就逐渐丧失了研究的意识和研究的能力。事实证明，这既不利于教师自身成长，也不利于教师专业发展。正如前苏联教育家苏霍姆林斯基所说："如果你想让教师的劳动能够给教师带来乐趣，使上课不至于变成一种单调乏味的义务，那你就应当引导每一位教师走上从事研究这条幸福的道路上来。"由此可见，教师成为研究者，通过行动研究，不仅可以改进教育实践，还可以提高教学和研究的信心。教师能够体会到自己存在的价值与意义，体会研究所带来的成功与愉悦，可以逐步实现教师的专业自主发展。在进行行动研究的过程中，教学者不再仅仅是知识的传授者或是教育改革和实验的被动接受者，而是以研究者的身份来参与各种教改措施和改革方案的制定。在教育实践中，有人虽然工作十年，但只是把一年的工作重复十次而已，并无多大改进，其原因就在于，他只是在"执行"教学活动而没有研究教学，没有处于研究者的活动状态。而行动研究的价值就在于，教师以合理的教育观点和态度，从经验中学习，从而真正地提高教学能力。

第三，行动研究提高了教师对自身的反省和分析解决问题的能力。教育行动研究是一个"行动"与"研究"相结合的过程，是一个不断反思、不断反馈和调整的过程。它要求教师在持续进行的活动情景中不断对问题的界定、活动的目标、结果和手段进行反思，并根据反思过程所形成的判断修正研究过程中的行为。在这种不断的行动与反思中促成了教育理论与实践不断地交互生成，也正是通过这种批判与反思，作为研究者的教师可以不断拓展自己的专业知识与技能，提高分析与解决问题的能力。教师参与行动研究可以提升自己的反思意识和能力，了解自己行为的意义和作用。教师只有对自己在课堂上的行为进行研究、对自己的学生进行深入细致的观察和探询，才能够了解自己的所思所想和所作所为对学生的学习和发展所产生的影响，并在这种了解的基础上使自己得到提高和发展，同时促进教学效率的提高。

有这样一项调查：哪种方式对自己的专业发展有益？

1. 与自己水平相当的教师相互听课。（0.7%）

2. 专家和优秀的教师听自己的课并点评。（5.9%）

3. 听优秀教师的课并听专家点评。（11.1%）

4. 听优秀教师的课并结合自己的实践参与讨论。（24.6%）

5. 专家、优秀教师和自己一起备课、听课、评课，研究改进教学。（57.7%）

随着新课程的推进，师生共同发展的呼声越来越高，教师专业发展的需求也越来越强烈。从以上调查的数据我们不难看出，教师专业发展最有益的方式正是在专家或优秀教师的指导下，在自己的教学实践中进行的研究。这种专业发展方式正是我们前面所提到的行动研究法。其优势主要表现为：

1. 适应性和灵活性

行动研究简便易行，较适合于没有接受过严格教育测量和教育实验训练的小学教师采用。行动研究容许边行动边调整方案，不断修改，经过实际诊断，增加或取消目标。实验条件的控制比较松缓，注重实际的教育环境，较适合在教育这种复杂的研究现象和领域内进行。

2. 评价的持续性和反馈的及时性

行动研究强调评价的持续性即诊断性评价、形成性评价、总结性评价贯穿整个研究过程。反馈的及时性从两方面看：一是及时反馈总结，使教育实践与科学研究处于动态结合与反馈中；二是一旦发现较为肯定的结果，便立刻反馈到教育实践中去。

3. 较强的实践性和参与性

教育研究与教育实践紧密联系。教育研究紧紧围绕着学校的实际问题并进行分析、研究和行动。参与性体现在典型的行动研究中，研究人员由专职研究人员、行政领导和第一线教师联合构成，研究人员直接和间接参与方案的实施。

4. 多种方法的综合使用

在较成功的行动研究中，可汇集多种研究方法的作用。理想的行动研究法应是多种研究方法的灵活合理的并用。

可见，行动研究法是一种切合小学教师实际的研究方式，体现出小学教育科研"问题即课题、教学即研究、成长即成果"的特点。教育行动研究是"教师即研究者"这一现代教育理念的具体实践，是教师专业发展的具体有效途径，也是广大教师最值得借鉴的一种教育科研方式。

（二）掌握行动研究的方法，锻造行动能力

以校本研究为例，可分为六个步骤：

1. 预诊

在新课程教学中，学校组织教师用调查研究的方法，从发现的问题中将亟待解决的主要问题挑选出来，并根据实际情况进行诊断，得出用行动研究改变的最初设想。

2. 初步研究

成立学校研究小组，对诊断中发现的问题进行初步的讨论。研究人员尽可能调研和占有，包括一切与问题有关的文字、图片、音像等资料，并进行各自的分析研究。再组织小组讨论，相互启发，并将初步研究的意见反馈到教师中去，听取他们的意见，以便为总体计划的拟定作好诊断性评价。

3. 拟定总体计划

这是最初设想的一个系统化的计划，也是行动研究各步骤得以落实的蓝图，并在具体行动的反馈中修改、充实、完善。因为行动研究是一个开放的动态系统。

4. 制定具体实施方案

这是总体计划的具体措施，按照先后顺序解决一个个实际问题，指导按部就班地实施好改变现状的干预行动。

5. 行动

这是落实具体实施方案的重要一环，也是整个研究工作的关键。因为行动是以基本设想、总体计划、具体实施方案为指导，在研究人员、行动人员、教师的共同协作下，对原先的行动加以干预控制，并代之以研究所要形成的行动过程。而且每一步行动结果的评价对整个研究进程都会产生影响。如果评价的结果都是可行的，则进入第二步具体实施方案；如果评价结果不可行，则总体计划甚至基本设想都可能修改，整个研究过程将在修改新的总体计划、基本设想的基础上进行。总之，一切干预行动的执行不是为了检验某一设想和计划，而是为了解决实际问题。

6. 总体评价

这是对整个研究工作所作的总结，是一个技术性很强的环节。除了对研究中所获得的数据资料进行科学处理，得到研究所要的结论外，还应对产生这一课题的实际问题作出解释。对研究成果的评价，并不以解释得是否完善为标准，而是以实际问题解决的程度为依据。

（三）学会行动研究法的主要模式

1. 135模式

135模式的行动研究适用于教师的成长，特别适用于新教师、普通教师的成长，是一种无课题的行动研究模式。"1"指一个中心，即以人的发展为中心。教师要关注学生、研究学生，促进学生更好地发展。与此同时，通过行动研究教师不断获得"如何教"的知识和能力，促进教师专业发展。"3"指三个结合，倡导每位教师做到读书、实践、写作三结合。读书是准备，实践是探索，写作是反思。写作应该成为教师的需要和爱好。教师要用个性化语言、实践性语言进行写作。写作是教师反思教学实践、改进教学行动、从事教学研究、提升教学水平的有效途径。"5"指教师写作（反思）的五种形式：教育日记（教学后记）、教育案例、教育随笔、教育沙龙（基于协作的网络式或茶馆式沙龙）和教育论文（论著）。前四种倡导写作起点降低、重心下移，让低重心写作与教师日常工作紧密结合，吸引教师进入"教学即研究"的境界，增进教师对工作情感的投入，写作重心的下移是为了更有效的上升，因此，前四种写作形式具有独立存在的价值，同时为教师撰写教育论文（论著）进行原始积累，建立厚实的基石，倡导教师在此基础上撰写论文（论著），以提高教师从事行动研究的学术层次、水平和价值。五种形式在写作内容上有交叉，教师可自主选择，只要长期坚持，相信行动研究必有大成。

2. 螺旋模式

（1）问题

在教学中发现问题，并从中筛选出有价值、有意义和能够处理亟待解决的问题。

（2）分析

强调教师解决自己真实的和实际的问题。教师从问题诊断入手：现状如何？为什么会如此？存在哪些问题？从什么意义上讲有问题？关键问题是什么？它的解决受到哪些因素的制约？众多制约因素中哪些最为重要？哪些又一时改变不了？怎样采取方法加以改进？什么样的设想是最佳的？

（3）计划

教师持续关注这些有价值的问题，比较细心地计划如何解决这些问题。计划包括总体设想和每一个具体步骤的设想。计划必须有充分的灵活性和开放性。计划是暂时的，是允许修改的。如果是课堂教学中的问题，就在接下来的一系列的课堂教学的备课中寻找和解决这个问题的策略，这是"有效教学"的前提。因而"螺旋模式"行动研究与教师的日常备课是同一件事情。

（4）行动

按计划有控制地进行变革，在变革中促进工作的改进。应注意：

①行动是获得了关于背景和行动本身的反馈信息，经过思考并有一定程度的理解后的有目的的、负责任的、按计划采取的实际步骤，这样的行动具有贯彻计划和有效解决问题的性质。

②实际工作者和专家在活动中一同行动，家长、学生和社会人士也可作为合作的对象，要协调各方面的力量，共同实践和改进这一目标。

③重视实际情况的变化，随着行动和背景认识的逐步加深，及各方面监督、观察、评价和建议，不断调整行动，是灵活的、能动的，

是创造性地执行原来的计划。课堂教学的行动包括教师的上课，也包括相关合作者的听课，此时教师的上课就转化为研讨课。教师进入真实的课堂，面对具体的学生，需要根据学生的实际情况和教学过程中发生的意想不到的教学事件，去灵活调整计划（备课）。行动研究不仅努力改变教师的理念，而且希望通过行动引起教学实践的改进，在改进教育事件的过程中进一步观察原先的计划是否有效和问题可以在多大程度上被解决。

（5）反思

反思是对行动的效果进行思考，并在此基础上计划下一步行动。反思主要包括：

①整理和描述。即对观察对象感受到的与先前的计划有关的各种现象加以归纳整理，描述出多侧面的生动的行动过程，用个性化语言、实践性语言讲述或描写自己在教育实践中发生的教育故事，撰写、积累和研究教学案例，案例是理论的故乡，教育故事本身虽然不是教育理论，但它蕴含了教育理论。

②评价和解释。即对行动的过程和结果作出判断，对有关情况和原因作出分析和解释，找出计划和结果的不一致性，从而决定下一步是否应该修正。应该如何修正。

③写出研究报告或研究论文，发表自己的意见。

"问题——计划——行动——反思"是一个螺旋圈，反思是一个螺旋圈的终结，又是过渡到另一个螺旋圈的中介。行动研究的过程是一个螺旋式发展的过程。螺旋式发展的核心是保持对某一问题的追踪，即持续地关注这个问题。教师专业便随螺旋式发展而发展。

（四）进行行动研究需要注意的问题

1. 不能轻视理论

没有理论指导的实践是盲目的实践，不联系实际的理论是空洞的理论。要真正搞好研究，每个环节都离不开理论与实践的联系。下表以"使用公共文具盒"的研究为例，说明理论与实践的紧密联系。

"使用公共文具盒"的研究

阶段内容方向	实践方面	相关理论
提出问题阶段	一位一年级老师发现学生常常为文具盒问题发生矛盾。认为应该解决这个问题。	不简单地表面解决这个问题，要从根本入手。（现象与本质）
设想阶段	使用公共文具盒（小组共用一个公用文具盒里的文具）可以增强合作观念，养成爱惜文具的习惯，培养卫生习惯和动手能力，避免盲目攀比。	独生子女发展中突出的弱点是不善于合作，动手能力差。（有关独生子女特点的研究）不应只关注知识，还要学会合作，学会交往。（"四个支柱"之学会共处）
计划阶段	规定：四人一个小组共同准备1个文具盒、2块橡皮、12支铅笔……用完立即放回；自己削铅笔；放学时共同检查是否丢失……	一年级学生课堂合作机会不多，而小事情对年龄小的同学教育最深刻。（年龄特点）对儿童的教育必须与行动结合。（儿童心理特点）

阶段 \ 内容 \ 方向	实践方面	相关理论
行动阶段	开始时经常发生争吵，经过一段"磨合"，逐渐配合默契，学生可以有更多的耐心……	由量变到质变。（哲学理论）
考察阶段	养成了爱惜文具的习惯。铅笔用短了，套上笔帽接着用，盲目攀比现象减少，学生不再带稀奇文具上学……	道德品质的形成要通过交往。（有关道德学习的理论）
反思阶段	教师认为"学会合作"是当今社会教育的主旋律，是教会学生走向社会的第一步。	（终身教育理论，大教育理论，教育方法的灵活性。）
进入第二次循环	增加小组做值日的行动研究……	

2. 重视本土经验，不迷信西方

从行动研究引进的过程看，有一种轻视总结本土经验而盲目迷信西方的倾向值得警惕。其实，我国近二十年教育科研工作已经有了一条重要的经验，即坚持"两结合"（科研人员和实际工作者）或者"三结合"（加上行政管理人员），面向基层和理论联系实际。这些经验已经为越来越多的学校所肯定。凡是科研搞得好的学校，都是坚持了"两结合"或"三结合"。这充分显示这条经验和行动研究理论基本相同。

3. 刻苦学习，全面掌握科研方法

行动研究适宜初步搞教育科研的人掌握，因为它要求不高，方法简单。但它并不是完整的科研方法，只能是众多研究方法中的一种。除此之外，我们还要掌握更多的研究方法。

二、如何让教师有效发挥教学叙事功能

叙事长期而又广泛地存在于我们的日常生活世界，是人们将各种经验组织成有现实意义的事件的基本方式。简单地说，就是讲故事，讲述叙事者亲身经历的事件。教师所写的教育叙事，陈述的是教师在日常生活、课堂教学、教改实践活动中曾经发生或正在发生的事件，也包括教师本人撰写的个人传记、个人经验总结等各类文本。这些"故事"样式的实践记录是具体的、情景性的，活灵活现地记录教师心灵成长的轨迹，是教师和教育教学活动中的真情实感。从教学案例中我们可以看出：原来总以为"教育理论"只是保存在专家的教育论著里，现在我们发现还有另一种"教育理论"，它保存在每一位教师自己的教育生活的经历中。而且，专家教育专著里保存的只是"别人的教育理论"，每一位教师自己的教育生活经历中却保存着"个人的教育信仰"或"个人的教育信念"。

教师讲述的课程故事正是我们广大教师教学生活的真实反映，实际是以叙事为载体的行动研究。"叙述"其实是一种行动方式，如果教师不以行动来改变自己的教学，教师就无话可说。教师"叙述"自己的教育故事，实质是"反思"和改进自己的教育实践，并不是为了炫耀自己的研究成果。我们不难看出，讲故事的教师和听教师讲述自己的故事的我们都会有所收益。有人说"人是靠思想站立的",而广大教师是靠自己的日常教育实践站立的。教师叙事研究的主要目的是以自我叙述的方式来反思自己的教育教学活动,并通过反思来改进自己的行为,不断提高教育教学质量。

（一）了解教学叙事研究的基本特征

叙述的故事是已经过去或正在发生的教育事件。它所报告的内容是实际发生的教育事件,而不是教师的主观想象。它十分重视教师个人的处境和地位,尤其肯定教师的个人生活史和个人生活实践的重要意义。叙述的故事中包含有与事件密切相关的具体人物,教育叙事研究特别关注教师的亲身经历,不仅把教师自己置于事件的场景之中,而且注重对个人或学生的行为作出合理的解释和说明。叙述的故事具有一定的情节。叙事谈论的是特别的人和特别的问题、冲突或使生活变得复杂的任何东西,是记述有情节、有意义的相对完整的故事。它的基本特征是:

1. 自身工具性

教师在叙事研究中,既是研究者,又是研究的工具,他通过自身在长期的教学实际生活的体验中,在与对象的直接交往中发生了各种生活故事、教学事件,教师又通过自己的观察、分析和反思,进而获得一些见解、解释性的意见或解决问题的方向。

2. 自然情境性

教学叙事研究是从教师教学实践出发,从真实、自然的教学情景出发所进行的研究。它的显著特征在于"实",它是教师对自身教学活动的实事、实情、实景和实际过程所作的记录、观察和探究。

3. 自我反思性

这是教学叙事研究的根本特征，教师的这种叙事的目的是为了反思，通过对问题或事件的认识进行反思，提升原有的经验，增强对教学活动的理性认识。没有反思，叙事就会变成为叙事而叙事，也就失去了其存在的意义和价值。

(二) 明确教学叙事研究的基本要求

1. 教师在教学过程中要做"有心人"

个别教师对教学中出现的问题熟视无睹，一些教师总感觉到自己无课题可做，无内容可写，甚至感到无话可说。实际上，只要我们时时处处留心身边的教学工作的事件和问题，就可以发现很多值得探讨的话题，如组织了一次生动活泼的课堂教学活动，做了一次有意义的调查访问，完成了一个成绩不理想学生的转化，上了一次成功的公开课，等等。处处留心皆学问，教学中一点一滴的东西都可以成为我们教学叙事研究的内容。

2. 教师要善于思考、勤于反思

因为叙事研究中的叙事不是根本目的，根本目的是要在叙事的基础上，对事件进行深入的思考、深刻的反思。所以，教师应该能够对所遇到的教学问题或事件深入全面地分析，获得清醒的认识；对问题或事件的解决过程、方式方法及总体效果能够全面地进行反思。

3. 教师要有恰当的研究方法

教学叙事研究范围广泛，主体多样，内容丰富，教学中所涉及到的方方面面都可以成为研究的对象。但是，这并不是意味着教师可以随意"讲一个故事",而是应该选择教学中比较典型的疑难问题、成功或失败的事件,在叙事的基础上对其进行反思探究,表述的方法可以灵活多样,可以是博客、日记、研究报告等形式。问题或主题要发人深思,方法技巧要科学得法,经验教训要理性升华。

(三)把握教学叙事研究的过程

叙事研究首先要有"事"可"叙",这就需要选择、观察、收集、整理故事;还要对"事"进行研究,这就需要理论的准备和理性的视角;还要对研究成果进行撰写,这就需要具备流畅精练的语言表达能力和简洁明快的文字写作能力。教师的叙事研究过程包含了这样的流程:

1. 确定研究问题:教师的叙事研究注重"小叙事"来繁荣"大生活"。

2. 选择研究对象:研究者要能够细致入微地把握研究环境和研究对象。

3. 进入研究现场:教师进行叙事研究时,进入研究现场就是走进教育活动的时空。

4. 进行观察访谈:观察为教师的叙事研究带来了情境感和现场感;访谈则使研究者在观察中获得的外部感受得以深化。

5. 整理分析资料:从大量资料中寻找出"本土概念",即那些能够表达独特观点和真实感受的语言,使研究具有独特个性。

6. 撰写研究报告:研究报告既包含研究者对所观察到的"事"的故事性描述,也包含研究者对"事"的论述性分析。

三、学会教学叙事研究的写作

1. 多向收集资料

与资料收集密切相关的研究方法,通常是观察、访谈和问卷。在收集资料中所使用的具体研究方法，主要是参与式访谈和深度访谈，在此基础上，教师可以做一些记录，这些记录也可看作"教育日志"，当然还应包括学生的周记、各种活动的图片、相关的文件等。

2. 把握事件主线

对收集的各种材料进行仔细比较、筛选和辨别，从中筛选可用之处是撰写教育叙事报告的第一步，接下来的一步需要将材料连贯起来，当然还要有一个明确的主题，这个"主题"应体现相关的教育教学理念，且一定是从某个或一连串教育教学事件中产生，从事件中梳理出线索，即采用"观点＋材料"或"事实＋总结"的模式。

3. 注重事件细节

对事件细节的关注和描绘，本身就能提供给读者丰富的意义生成空间，同样，在叙事报告中，对事件细节部分的精雕细刻，除了能使读者了解故事的来龙去脉外，还能提供给读者隐藏在由细节组成的画面之中的潜在含义，如此一来，教师通过讲述自己的故事，叙述教育事件，描绘事件细节，本身就能显现出某种有价值的成分，甚至不需要过多地用理论来阐释事件的意义。

4. 深入分析阐释

教育叙事报告既有对故事细致入微的描述，又有洞悉教育事件的深刻阐释；既要把日常的教育现象详尽地展现在读者面前，为读者创设一种身临其境的感觉，又要解析隐藏在教育现象背后的教育本质，使平凡的教育故事蕴藏不平凡的教育智慧。

叙事研究正是不满足于传统研究当中追求事物的普遍规律和抽象概念分析的方法，而回到人们认识和知识的来源，即生活世界中去，以交往和对话的方式从整体上以直观的方式探索事物本质的方法。叙事研究方法还借鉴了人类学中的民族志方法，这种方法要求研究者长期地与当地人生活在一起，通过自己的切身体验获得对当地人及其文化的理解。叙事研究秉承了人类学研究的主要特征，即从整体上考察研究对象的研究视角、深入研究对象进行"田野作业"的方法以及"交叉文化"分析的特点。教育叙事是教师用自己的语言记叙身边的事情，在鲜活的语言和生动的事例中，教师才能不断地自我成长和发展。

第二节　自我反思与同伴互助

新一轮课程改革是对教育的一次全面变革。它意味着学生将迎来新的学习方式、新的校园生活；教师也将迎来新的教育理念、工作方式，教师不再是"教书匠"，而将成为"研究者"。作为教师，我们不缺乏"干"，但是缺乏"想"，也就是我们不缺乏实践，但是缺乏通过理论思考后的实践；我们不缺乏一般的思考，但是缺乏理论思考，也就是我们不缺乏感性认识，但是缺乏通过感性认识达到理性认识。为了解决这个问题，我们必须加强自我反思，并借助同伴互助实现由"经验型"向"科研型"的转变。

一、如何让教师养成自我反思的品质

反思就是对自己的思想、心理感受的思考，对自己体验过的东西的理解或描述。教学反思就是教师自觉地把自己的课堂教学实践作为认识对象而进行全面而深入的冷静思考和总结，从而进入更优化的教学状态，使学生得到更充分的发展。经常性的教学反思可使教师从经验型教学走向研究型，是一种用来提高自身的业务、改进教学实践的

学习方式。教学反思也是校本教研中推动和提高教师教育教学理念和自身教育教学水平的一项重点内容。

感性认识，是教师在教学过程中比较常见的经验反思方式。成功的体验更多的是一种理性的思考，这样的反思也最能帮助教师更新教学理念，改进教学方法，进而获得专业上的发展。新课程对教师的传统教学经验提出了全新的挑战，经验反思的重要性也因此被提到了前所未有的高度。但是，如果一个教师只满足于经验的获得而不对经验进行深入的反思，那么他的旧有理念及不适当的行为就很难改变，其结果是他的教学将可能长期维持在原来的水平而止步不前，实践证明，凡善于反思，并在此基础上不断努力，提高自己教学效果的教师，其自身的成长和发展的步伐就会加快。"教然后而知困"，教学反思可以进一步地激发教师终身学习的自觉冲动，不断反思会不断地发现困惑，不断发现一个个陌生的我，从而促使自己"拜师求教，书海寻宝"。教学反思的过程也是教师人生不断辉煌的过程。教学反思可以激活教师的教学智慧，探索教材内容的崭新表达方式，构建师生互动机制及学生学习新方式。

二、教师如何进行反思

（一）要有反思的意识和习惯

反思性教学的教师不仅要完成教学任务而且会更好地完成；不仅要知道自己的教学效果，而且要对效果及其有关原因进行"为什么"的思考，无止境地追求教学实践的合理性。

1. 一个教师的成长＝经验＋反思

美国心理学家波斯纳提出了教师成长的公式：成长＝经验＋反思。相反，一个教师如果仅仅满足于获得经验而不对经验进行深入的思考，那么，即使他有"20 年的教学经验，也许只是一年工作的 20 次重复；除非他善于从经验反思中吸取教益，否则就不可能有什么改进。"他永远只能停留在一个新手型教师的水准上。因为没有经过反思的经验是狭隘的经验，意识性不够，系统性不强，理解不深透，它只能形成肤浅的认识，并容易导致教师产生封闭的心态，从而不仅无助于而且可能阻碍教师的专业成长。只有经过反思，使原始的经验不断地处于被审视、被修正、被强化、被否定等思维加工中，去粗取精，去伪存真，这样经验才会得到提炼、得到升华，从而成为一种开放性的系统和理性的力量，唯其如此，经验才能成为促进教师专业成长的有力杠杆。

2. 要为改进而反思

反思固然重要，但我们不是为了反思而反思，而应是为了改进而反思，要有改进、调整、行动的能力，反思出自己的问题后，要分析原因，思考改进的途径和方法，制订出一个行动计划，规定时间，在预定的期限内取得改进的实际效果。

3. 教学反思贵在坚持

作为教育者应该清楚，只有行为变成了习惯，才会成为人的一种需要，才能成为一种省时省事的自然力。所以对于教学反思我们只有坚持写好每课反思，哪怕只是一个点、简短的几句话，才能使教学反思逐步成为继备课、上课等基本教学实践后实现超越自我的必然行为。

（二）要会反思的途径和方法

教学反思有两种形式，既可以是个人经验反思，也可以是群体性（教研组）教学反思，教师可以通过以下这些方式去进行。

1. 自我调控

每节课后，教师都有必要冷静反思：这样教学产生的教学效果如何？学生学会了多少知识，有多少知识可以用于生产生活实践？这种教学方法运用得是否妥当？问题的设置是否有价值？对课堂中学生的评价是否中肯，等等，这些都要在静思后重新调控，以致使教学质量有明显的提高，教师的课程理念有明显的提升。

2. 互动式监督

俗话说："当局者迷，旁观者清。"通过教研组活动对每一位教师的教学反思进行互评，可以有效地检验其反思内容的正确性、有效性及真实性。同时，学校也应该组织相关专家或教育经验丰富者对教师的反思进行点评。促进教师反思能力的提高。也就是说，反思只靠自己的感觉是不全面的，互动式监督会促使反思质量提高。

3. 学生协助

学生是检验教学成功与否的镜子，教师应抓住这一关键，适时地考查教学效果，反思教学过程，调整、优化课堂结构，选取最合适的教学法来指导学生。学生的协助更有助于教师教学反思的效果。

按照教育教学的进程，教学反思大致可分为三个阶段：

教学前反思——这种反思具有前瞻性，能使教学成为一种自觉的实践，并有效地提高教师的教学预测和分析能力。教师在进行教学之前，结合以往的教学经验，对教学内容再次梳理，理清需要教给学生哪些关键概念、结论和事实；教学重点难点的确定是否准确；教学内容的深度和范围对学生是否适度；所设计的活动哪些有助于达到教学目标；教学内容的呈现方式是否符合学生的年龄和心理特征；哪些学生需要特别关注；哪些条件会影响讲课的效果……教师对自己过去的教学中曾遇到过的问题、采取的策略和方法、达到的效果，在课前作一个这样的反思对教师的备课也是很有帮助的。另外，根据目前所教班级学生的学习状况，在学习中可能会出现的新问题、你准备采取的策略和方法，也要作一个课前的反思。在反思的基础上设计出新的教学方案，既可以增强教学设计的针对性，又可以养成教师良好的反思习惯。

教学中反思——及时、自觉地在行动过程中反思，这种反思具有监控性，能使教学高效地进行，并有助于提高教师的教学调控和应变能力。教学中反思是教师在教学过程中，对不可预料情况发生进行的反思以及教师在和学生互动过程中，根据学生的学习效果反馈，对教学计划进行的调整。不可预料情况发生时，教师要善于抓住有利于教学计划实施的因素，因势利导，不可让学生牵着鼻子走。根据学生反馈对教学计划的修改和调整要适当，不可大修大改。教学中反思要求教师全身心地投入到教学活动中，调动各种感官捕捉反馈信息，快速、灵活地作出调整和反应。

教学后反思——有批判地在行动结束后进行反思，这种反思具有批判性，能使教学经验理论化，并有助于提高教师的教学总结能力和评价能力。

这三个阶段周而复始地贯穿于整个教学过程中，"缺少任何一个阶段都不全面"。

（三）要写反思的"得"与"失"

教学反思用平实的话来说，就是教后想想，想后写写，认真思考一下得与失，想一想，教学目标是否达成，教学情景是否和谐，学生积极性是否调动，教学过程是否得到优化，教学方法是否灵活，教学手段优越性是否体现，教学策略是否得当，教学效果是否良好。想想后，动动笔，写中有学，学中有思，不能成文，便作为随笔或记录，经常翻翻，也算多了一个不会说话的老师。

1. 记成功之举

记录教学过程中的优点。例如：教学中突出重点、分散难点的方法；到达预期的教育教学目标，引起教与学共振效应的途径；设计合理、条理分明的板书；课堂教学中临时出现的问题以及处理得当的具体措施；先进的教学理念在课堂中的渗透与应用；教育学、心理学原理在课堂中应用的感悟；教学方法的革新；学法指导的技巧；等等。只有详尽地记录这些优点，才能在今后的教学中借鉴使用，并不断总结、改善，推陈出新，教学才能近于完美。

2. 记"败笔"之处

写教学中不足、失败之处。即使一个教学经验非常丰富、课堂教学近乎于完美的教师，在一节课上的某些环节也难免有疏漏失误之处，有这样或那样的不足和败笔之处。能认真冷静地对整个教学过程加以剖析，回顾探究寻找到解决问题的方略，为今后的教学积累深层次经验，无疑会有锦上添花之妙用。

3. 记教学机智

课堂教学中，随着教学内容的展开，师生的思维发展及情感交流的融洽，往往会因为一些偶发事件而产生瞬间灵感，这些"智慧的火花"常常是不由自主、突然而至，若不及时利用课后反思去捕捉，便会因时过境迁而烟消云散，令人遗憾不已。因此要及时记录，利用课后深刻反思，莫将其搁置一旁、不了了之，这样，教学思路才能得到更好的拓展。

4. 记学生见解

在课堂教学过程中，学生是学习的主体，他们总会有"创新的火花"在闪烁，教师应当充分肯定学生在课堂上提出的一些独到的见解，这样不仅能使学生的好方法、好思路得以推广，而且对他们也是一种赞赏和激励。同时，这些难能可贵的见解也是对课堂教学的补充与完善，可拓宽教师的教学思路，提高教学水平。因此，教师要将其记录下来，可以作为以后丰富教学的材料养分。

对于新课程，要有新理念。我们在课堂教学过程中，一直强调"以人为本"发挥学生的主体参与意识，在这个理念的引领下，学生总会有"创新的灵光"出现，教师应该适时肯定他们的独特见解，进一步推广学生的好方法、好思路。用激励的方式、方法促进发散性思维的形成。学生的这些独到的见解无疑是对课堂教学的补充和完善，也可以拓宽教师视野，提高教师的业务水平。

5. 记再教设计

一节课下来，教师经过静心沉思，探索出哪些教学规律；教法、学法上有何创新；启发学生思维有何新招；重点及难点的突破与分散是否得当；课堂训练设置是否有层次感、有梯度；教学是否面向全体学生；知识点是否通过迁移训练得到强化等等。再次梳理之后进行必要的分类与取舍，考虑一下如果再教本节内容时应该如何去做，写出"再教设计"，这样教师可以做到扬长避短、精益求精，把自己的教学水平上升到一个新的境界与高度。

孔子曰："学而不思则罔，思而不学则殆"。这句话用在教学工作中也有深刻的借鉴意义。大教育家苏霍姆林斯基也曾经建议："每一位教师都来写教育日记，写随笔和记录。"这些记录是思考及创造的源泉，是无价之宝，是搞教研的丰富材料及实践基础。总之，写课后反思，贵在及时，贵在坚持，贵在执着地追求。一有所得，及时记下，有话则长，无话则短，以记促思，以思促教，长期积累，必有"集腋成裘、聚沙成塔"的收获。

三、如何让教师在同伴互助中成长

（一）存在问题

当前同伴互助存在的问题主要有：有的教师缺乏合作意识；有的学校缺乏合作互助的氛围；一些教师以工作繁忙为由拒绝互助；还有的同伴互助随意性大，流于形式，效果不佳。而导致同伴互助"失效"的原因可以归纳为：

1. 职业孤独使教师缺失了合作精神

在许多人眼里，学校中的关系规范是个人的、竞争的互动模式，教师在课堂上可以"独立自主"地处理教学事务，因而部分教师一直奉行"专业个人主义"作风，教师间缺少同事情谊。教师职业的孤独限制了他们吸收新的思想和交流有益的经验，限制了他们对成功的认定和赞美，导致形成保守性和对改革的抵触，从而形成了孤军奋战的习惯，不愿与他人交流与合作。此外，学校是知识分子的聚集地，中国传统文化中"文人相轻"、"同行是冤家"等弊病消解了现代教师的合作精神，部分教师不愿意虚心请教，认为同行能会的我都会。而在实施新课程改革的今天，需要虚心学习的不仅仅是年轻教师，那些经验丰富的优秀教师也面临着同样的挑战，这些教师如何放下架子，向适应能力更强的一些年轻教师学习需要一些时间，需要观念的根本转变，这是一个艰难的过程。同此可知，合作精神的缺失使得教师之间难以真正形成一个团结协作、合作互研的学习型组织。

2. 学校领导缺乏管理艺术影响了互助氛围的形成

目前，学校推行的管理方式是较为严密的等级模式，即十分注重上下之间的服从关系，又由于学校是以专业技术人员为主组成的组织，一般来说，专业技术人员具有较强烈的民主参与、自我管理的意识，因此，这种"模式"与"意识"在客观上就有潜在的矛盾。这些矛盾冲突要及时化解，需要管理者具有良好的各项素养和较强的驾驭全局的能力，而要使学校真正成为一个民主的、开放的讨论领域，更需要领导有高超的管理艺术。若学校领导总是以上级自居，高高在上，脱离群众，办事墨守成规，心胸狭窄，处事不公，势必会削弱教师的工作积极性，影响上下级的人际关系，进而影响到学校的稳定，更谈不上合作互助氛围的形成。

3. 旧有的某些体制遏制了教师互助的愿望

评价制度是一根有效的指挥棒。以往，管理者往往用单一的考试结果来评价教师，将产生的评价结果与教师的津贴或奖金挂钩。由于教师所教班级学生的考试成绩就决定一个教师的工作业绩，影响其利益所得，势必激化教师之间的矛盾和竞争，固化教师的"闭锁心理"，从而使合作缺失成为常态。部分优秀教师在保守思想影响下总是保持沉默，担心把自己好的教法告诉大家，别人的成绩上来了，自己反而落后了，因此将自己在教学中积累的经验作为看家本领保留，只是交流一些大众的教法。如此一来，教师之间的同伴互助不能起到应有的作用，教师从中学不到急切需要的东西，导致"同伴互助"流于形式。同时，传统的教育研究已经"培养"了这样一批老师：他们习惯了那种"接受式"、"填鸭式"的学习方法，只想靠别人帮助自己，却不能帮助别人，这就使得"互助"在现实中仅成为"帮助"，导致永远只输出"帮助"的一方心力交瘁，不能不从"好为人师"的痛苦中退出。此外，传统的学校组织结构以"科层制"为特征，在教师中容易形成一种分化的、缄默的或者是硬性的"合作"氛围。

4. 互助时间、地点的局限减少了互助的机会

一方面教师的日常工作确实非常繁忙。中小学教师一般每周应任课时是有规定的，但现在的情况是，一般教师每周任课都超过了规定的课时，个别甚至在 20 节以上，我们不妨取其中间任课量替他们算算账：正常情况下，一周 5 个工作日，40 个工作小时，一个授课 12 节的老师，讲台上就用去了 12 小时；按每授一节课最低量的备课时间 1 小时计，备课用去 12 小时；批改作业每节课算 1 小时，又是 12 小时，3 项一下子就用去了 36 个小时，再加上开会、给学生做思想工作等事情，

教师所剩的时间无几，确实缺乏开展互助的时间。另一方面，不少教师认为同伴互助要在个人教育教学工作之外挤出专门时间进行，因而更觉得同伴互助时间难寻。此外，有的教师有心要向别人请教或帮助他人，但由于互助大都在校内进行，更多的是在办公室，有互助双方以外的其他人在，多少有些尴尬，特别对于受助方来说，面子上有些过不去，因此互助双方都显得犹豫。

5. 互助目标的随意、松散以及教师的理论水平影响了互助的成效

同伴互助可以是有特定目的的参与，教师事先有具体、明确的问题有待解决，然后邀请同伴参与来帮助解决问题；也可以是无特定目的的参与，教师没有明确的问题需要解决，希望通过参与同伴的一些活动来发现问题并提升自我。这两种形式都有各自的优点，但如果每次的互助活动都缺少目的和计划，就会影响互助的成效。以教研活动中常见的研讨课活动为例：评课时，教师们各自根据发现的问题，仁者见仁，智者见智，你提重难点把握问题，他提设计问题，其他的人则是提板书问题、知识科学和准确性问题、教学环节问题、教具问题、作业设计问题……你有你的观点，我有我的看法，等到评课结束，大家四散而去，问问大家有什么收获，很多人茫然。此外，有的教师对课程改革的目标和理论知之甚少，即使知道也只是掌握一些皮毛，对实质性东西了解不深，知其然，不知其所以然，在开展互助活动前又缺乏独立的思考，这些也势必会使其互助作用受限。

（二）问题解决

1. 强化合作意识

（1）以学习促观念的转变

首先，要进行相关理论的学习和案例的介绍分析，让全校教师在理论与实例的照应中明确：在知识日新月异的今天，教师原先习得的知识不可能受用一辈子，需要不断相互学习以补充能量；需要以诚恳的态度和真实的自我来换取真诚的帮助，取长补短；需要在学习和合作中提升自己，实现专业成长。相互封锁，各自为政的结果不仅封住了别人，也封住了自己。在全社会倡导"和谐"的今天，教育的和谐就是携手共进，合作互研，我们需要把合作纳入自己的思维方式和行为方式，把合作作为自己的精神追求和生活方式，教师间的协调合作与和谐交流，不仅能使教师个体得到发展，而且能加强教师相互间的了解和信任，增强教师团队的凝聚力，进而共同提高教育质量。其次，通过学习还要让教师认识到：同伴互助也是教师专业发展的一个重要途径，不能因为工作繁忙，将没时间作为推迟专业发展的借口，教师间的同伴互助实际上渗透于日常专业行为的方方面面。

　　（2）以典型引路

　　要注意发现并树立本校教师互助的典型，介绍他们的互助经验和效果，号召全校教师学习，宣传时既不夸大化也不平淡化，坚持实事求是，只要不把典型摆在"神龛"里，教师身边真实的典型就会产生巨大的影响力量。通过这些方法，强化教师的主体意识，变"要我互助"为"我要互助"。

　　2. 营造合作环境

　　（1）领导支持参与

　　国外有研究表明，领导的关注是教师间同伴互助的保障条件之一。因此，领导在引导教师之间建立积极的伙伴关系的同时，还应树立这样的意识：领导不只是管理者，还应是问题的研究者、实践的参与者、教师的合作者、新思路的启迪者与创新者，应从教师的现实出发，减少刚性的限制处罚，增加柔性的关怀尊重，多一点激励，少一点批评；多一点商讨，少一点说教；多一点关爱，少一点淡漠，经常参与教师的同伴互助活动，并给予足够的重视和积极的支持。"上有所好，下必甚焉"，领导的信任、支持和参与，都将对群体产生巨大影响，形成宽松和开放的氛围，建立起一种新的促进教师合作、发展的学校文化。

（2）合理调配同伴

同伴互助的参与主体是教师，人数上可以是两个也可以是多个。教师组合上可以是同一学科任课教师的组合，也可以是不同学科任课教师的组合；新教师可以与老教师或辅导教师组成一组，也可以在新教师之间相互组合；教师还可以选择校外成员，如教育行政机构的教研员、大学院校的教育专家组成一组等。但是无论什么样的组合，教师间的地位是平等的，双方是互惠互利、共同进步的合作关系。同伴的确认形式既可以有由学校用行政命令指定的，也可以有自主合作的互助搭档。其中由学校指定安排的互助组多为同年级同学科的教师互助组，以促进"新手型"教师教学技能提高为目的的高级带初级教师帮扶组，由学校骨干教师组成的教师中心学习组等。作为学校领导，应特别重视年级组、教研组、帮扶组等人员的安排，因为同组同学科的教师之间或师徒之间交流的机会、时间和话题内容相对更集中一些，开展同伴互助的机会也更多一些。因此在人事安排时要精心考虑、反复比较，合理调配小组成员，使组内形成互补性结构：一是知识结构、教育教学经验互补；二是气质、性格互补；三是教学风格互补。不同知识、能力结构，不同水平的教学机智以及不同的性格类型都是形成不同的教学风格的内在因素，组内教师间的差异正是互助的动力。不同性别的搭配，也可以实现两种思维类型的优势互补。

3. 建立互助机制

长期的工作实践表明，当教学活动模式改变而学校管理模式没有改变，教学活动的改变没有得到应有的支持时，就会处处受到制约，因此必须建立学校管理新体制，调动广大教师的积极性，促进教师间的合作。

（1）将合作纳入教师评价

要促进教师主动开展互助活动，必须改革以往较为片面的评价制度。在评价内容上，要由单纯的教学成绩评价转向教学成绩和教学过程相结合的综合评价。既看工作过程，也看工作态度；既看课堂教学，也看教研活动；既看优生比例，也看转差效果。其中，教师的工作态度、合作协调能力、课堂教学的效果及学生成绩应成为评价教师的主要方面。在评价方式上，要由只重视终结性考试的静态考核转向与日常随机抽查的动态考核相结合，考核组由行政人员、组长和教师代表组成，既有分工又有合作，尽量减轻评价过程中的工作量又防止评价的偏颇。在计绩方法上，以所教班级学生的成绩和所在教研组学生的平均成绩以一定比例综合后，作为教师的教学工作考核成绩。这样做的目的是防止有些教师只顾自己所教学生的成绩提高而不愿将好的经验与同事交流、分享，让教师意识到，自己班的学生成绩以及与自己互助的同事的教学业绩都提高了，才能获得认同与奖励，从而愿意帮助别人；反过来，如果自己的教学业绩差，是会连累同组教师的，从而促进这类教师不得不努力，不得不虚心向同事学习。而评一个教研组是否先进，要将组内教师的整体教学水平、业绩和协作精神作为重要的评价指标。这样的评价，才能引导教师以集体竞争取代单纯的个人竞争，形成"组内合作，组外竞争，校内合作，校外竞争"的生动局面，从而达到教师间积极互助、共同提高的目的。

（2）将合作贯穿学校管理

学校要弱化科层权力，组建由行政人员、组长和教师代表组成的教学评估中心、课题任务组、教学研究组，组建同年级同学科、跨年级同学科乃至跨年级跨学科的合作教学组，在教学设计、课堂教学、备课、评课、说课等活动领域实现全方位的合作。这样，把教师合作贯穿到学校的组织结构中，这种教研体制能突破同年级同学科内教师视野的局限，让每个教师的能力专长、信息资源、问题与对策等都毫无保留地向合作伙伴开放、共享，实现工作学习化，积淀一种浓浓的合作氛围，折射出一种充分授权、平等开放、合作互动的教风。

4．开展互助活动

（1）互助形式多样化

福建师大基础教育课程研究中心的余文森教授将同伴互助的基本形式归纳为三种：对话、协作和帮助。各校可以根据实际情况创造一些具体的活动形式，如："对话"这一基本形式又可以分为信息交换、经验共享、深度会谈、专题讨论等几种类型，它可以是信息发布会、读书汇报会、经验交流（总结）会、教学反思与交流会、课改沙龙或专题辩论会等丰富的形式，达到教师间彼此交换信息和经验共享的目的；"协作"这一基本形式可以有合作备课、协同施教、教学研讨、案例分析、问题会诊、课题研讨等具体形式，达到发挥每个教师的能力、兴趣爱好和个性特长，使教师在互动、合作、互补共生中达到不断成长的作用；"帮助"这一基本形式可以有邀请同事进行课堂观摩与诊断、教师与专家对话、开展师徒活动等具体形式，达到发挥骨干教师、学科带头人、教育专家等在同伴互助中的传、帮、带的积极作用。

（2）互助过程重实效

开展同伴互助，追求的不是形式上的轰动效应，而是互助过程中的实效性。要达到这一目的，首先应在平时重视教师的理论修养，让教师养成看书并做好读书笔记的习惯。教学理论素养提高了，理论思维能力增强了，教师相互间的对话、协作和帮助才更加容易，才能更深入地开展。其次，互助前的自我反思也很重要，它是教师开展互助的基础和前提。因此，应增强教师的研究意识，让他们经常审视、分析和解决自己在教学实践中遇到的真实问题，形成自己对教学观念、教学问题的独立思考和创造性见解。在此基础上的同伴互助才会更有意义，才会真正产生思维的碰撞，丰富彼此的思想，提高对问题的认识。

此外，虽然同伴互助有随机的合作形式，但大多数互助活动还是应有明确的计划、目的或重点，否则会影响互助的效果，如：教师帮扶组开展活动前，师傅和徒弟应分别制订帮扶计划和学习发展计划，让明确的目标成为前进的动力和监督检查的尺度。再如在同事互助观课这种互助活动中，一堂课几十分钟，要观看的东西不胜枚举，要彼此都有提高，便得有重点，重点可能是很想克服的困难，如：如何引发学生的学习动机，如何处理纪律欠佳的学生；重点也可能是观课者很想借鉴的教学方法；重点也可能是双方都感兴趣或感到困惑的其他教学问题，观课后的讨论就围绕确定的重点发表意见。只有目标集中了，探讨才会更加深入。

综上所述，要提高教师同伴互助的有效性，学校必须努力营造利于互助、促进合作的环境，包括心理环境和物质条件等；通过组织学习，转变教师的观念，提高其互助合作的意识；再配以完善的制度建设，激发教师自觉主动地结合教育教学实际问题开展同伴互助的各种活动，让他们在助人中感受成功的快乐，在被助中体验提高的喜悦。此外，由于同伴互助主要是同事间的互动与横向支援，容易囿于同水平的反复，迈不开步子。因此，学校还应尽力开发校内外专业引领资源，从纵向上给教师以先进教育理念的引导，使同伴互助收到事半功倍的效果。

第三节　课题选择与研究策略

一、教师如何确定研究课题

对于广大一线教师来说，课题研究在实质上就是发现问题与解决问题。作为教育教学工作的一线教师，在工作实践中可以寻找很多问题作为自己的研究目标。在这中间又有什么是需要注意的呢？

1. 细化选题

有了研究的意向，又如何准确地确定选题呢？在这里，选定合适的"切口"，确定一个具体、集中、正确的研究方向，是很重要的，因为合适的"切口"可以少走弯路，事半功倍。首先，围绕一个大方向，罗列出各种相关因素；然后，在诸多相关因素中，确定研究的重点，即"切口"，如：关于如何开展自主性课堂教学的问题。

（1）我们可以从教师行为这一角度来研究课堂教学。因为教师作为主导性主体，他的作用就在于能够激发学生的主体作用。教师在课堂教学中的行为，是可以观察和研究的。由此我们可以提炼出以下一些选题：

①教师语言的激励性对学生学习积极性提升的有效性研究；

②教师体态语言的分类及其适度运用；

③教师对意外事件处理的灵活度把握；

④教师问题情景设计技巧的探索。

（2）我们还可以从学生学习行为这一角度来研究课堂教学。自主性课堂教学以学生的学习方式的转变为着眼点。学生的学习行为、学习方式的研究也可以成为研究的切入点。因此，我们也可以提炼出以下一些选题：

①课堂教学中提高学生参与度的途径与方法（参与读、参与问、参与思、参与议、参与练、参与记、参与演、参与板书）；

②学生小组学习的特征及内在原因；

③在讨论式合作学习中学生自我调控能力的培养；

④开放型（内容、空间）学习活动中学生自主能力的研究。

（3）从师生互动这一角度也可以研究课堂教学。自主性课堂以"学生为中心"，体现出作为主导性的教师主体与发展性的学生主体的互动关系，实现师生之间的有效沟通和平等对话。如：

①学生质疑表达与教师点拨指导；

②教师期望在学生学习态度转变中的应用；

③课堂教学中师生平等对话情景的创设；

④教学机智与学生的思维发展的相关性研究。

只有从某一个侧面、某一个角度切入，才有可能使课题研究明确、集中。唯有如此，才有可能以教师个体的力量，去完成对它的研究。

2. 以小见大

爱因斯坦曾有一个著名的论断：提出一个问题往往比解决一个问题更重要，更困难。同样的道理，在教育工作中发现并提出有意义的问题是教育科学研究的起点，因为它不仅决定了研究的目标和内容，而且在一定程度上规定了研究应采取的方法和途径。这就要求教师去寻找、发现、选定有价值、有意义的，甚至是牵一发而动全身的课题。比如《小学品德课程课堂教学实施的策略性研究》这个课题，它是在《品德与生活》、《品德与社会》这两门品德课程实施近五年的背景下提出的。在这之前，研究者对课程实施的现状进行了调查，归纳出以下问题，作为课题研究的事实依据。

（1）来自教师层面的问题：

①对课程价值的认识模糊与偏差，课程意识淡薄；

②工作本位、学科本位的思想仍占据主导；

③教师缺乏对话素养，"导演情结"难以割舍；

④教师的专业素养滞后，动力不足，课程能力缺失；

⑤品德课程的教师队伍不稳定。

（2）来自教学层面的问题：

①教学不能与学生的现实生活相联系，当学生遭遇一些道德问题时，不知如何应对；

②学生学习方式变化不大，问答式教学仍占据着主导地位；

③课堂上没有师生生命的整体投入；

④学生对新的学习方式的不适应，准备不到位。

（3）来自教材使用层面的问题：

①照本宣科；

②弃而不用。

（4）来自教育管理层面的问题：

①学校的管理不能适应课程的要求；

②学校不知如何根据课程的特点提供相关的支持；

③社会的支持保障不到位，配套设施不到位。

仅从这一调查我们可以看到，研究的视角虽然是品德课堂教学这一个点，却涉及到教师、教材、学校管理等方方面面，因为形成如今品德课堂教学现状的原因是多方面的。可以想象的是，当相应的课堂教学策略提出并推广之时，来自其他层面的问题都可以得到弱化，因为策略的实施正是基于上述这样一种现状。这样一个课题，能够以一个很小的切口辐射到很宽泛的面，就是因为小，挖掘才深。

南京师范大学教育科学院名誉院长、博士生导师鲁洁曾经说："品德课程是德育的主渠道，从价值取向上切入主渠道，老师有志于去研究，能下点功夫就很不容易，要设身处地地为他们想一想。我们能把握住主渠道，再从课堂延伸到课外，对小学生来说就足够了，不需要搞很多的活动、花架子。"只要教师带着问号去审视日常的工作，从疑难问题中提炼、研究课题，就是最实在、最根本的实践。

二、研究方法的采用

1. 存在问题

（1）随意罗列名称

非常明显的是，随意罗列名称这样的课题研究方法，并没有根据研究目标和研究内容加以选择，是套用书上研究方法的概念来表述；这种方法研究对象不明确，也没有针对具体的课题进行研究，所以任何人仅凭这样一个方案片段，是连大概了解课题研究的内容、学科、范围、层次都不可能的。

其中，如"文献研究法"、"个案分析法"、"经验总结法"这些随意罗列的名称分别适用于研究的哪一阶段、哪一环节，针对怎样的对象？"文献研究"究竟是研究什么文献，实施者通过什么渠道收集，又依据什么标准收集？"个案分析"中选取的是关于教师的案例，还是关于学生的案例？是家庭生活的案例，还是学校生活的案例？……这一系列的问题，都让实施者一头雾水，无从下手，不明白究竟怎样去做。等到真的将以上这些质问的话题都搞清楚了，哪还有心情再去研究呢？

课题的研究方案在整个方案的设计中十分重要。所谓的课题研究方案，实质上是一份行动方案，它要求指导教师如何通过有效的手段，使"研究内容"与"研究目标"顺利嫁接。

（2）缺少恰当方法

上述研究方法中具有实质意义的仅仅是"个案分析法"，因为对文献资料的学习与研究是必不可少的，同样，所有课题的最终结果都是经验的总结、成果的展示。所以仅凭个案分析是难以完成任何一个课题研究的。

其实，"个案分析法"这样一个案例并非特例，而是非常普遍的现象，我们随意打开一份课题研究方案，会发现其中的研究方法不外乎

"调查研究"、"资料收集"、"文献学习"、"行动研究"、"成果展示"和"经验推广"几种，其主要原因是许多一线教师不能依据课题的具体情况采用合理的研究方式。缺乏知识的积累、没有钻研的精神、浮躁的工作状态、功利的研究目的都是造成这一现象的主要因素。

如今教育科研的发展趋向之一，就是研究方法越来越呈现综合运用的态势，教师不再单一地钟情于某一种方法或某一些方法，而是在更为充分地认识到方法是为目的与内容服务的前提下，切实从研究目的和内容出发，将多种不同的研究方法综合加以运用，从而更有效地解决自身教育教学实践中面临的问题或疑难。学校教育教学中存在的各种问题都不是孤立的，是有着多方面联系的，线性的因果关系很难说明教育实践中的困境与疑难，正是错综复杂的因素才导致教育教学问题的出现。类似的分析与思考，使得教师在从事教育科研时，越来越多地借助于不同的研究工具与手段认识问题、解决问题。

2. 问题解决

按不同的标准，教育科研课题可以划分为不同的类型。从研究的内容看，教育科研课题可分为综合性课题和单一性课题。综合性课题主要指同时涉及教育若干领域或若干方面内容的课题；单一性课题主要是对教育的某一方面或某一现象进行探讨。从研究的手段看，教育科研课题可分为实验性课题与描述性课题。前者主要指通过实验设计来实现研究目的的课题；后者主要指通过调查研究、资料分析、逻辑推理等手段实现研究目的的课题，又称理论性课题。按研究目的，又可分为理论性课题和应用性课题。一般来说，小学教育科学研究属于应用研究，应用研究是运用关于教育基础理论知识，解决教育工作实际问题的研究。前面已经提到的教师微型课题研究应该是个很不错的方式，但是具体有哪些可行的研究方法呢？这里介绍两种极易操作，同时对教师的专业成长极为有利的研究方法。

（1）问卷调查

针对不同的目标，课题研究应采用不同的手段，而不是拘泥于某些一成不变的方式方法。对于教学一线的教师来说，问卷调查与访谈不失为一种快捷、方便，能迅速暴露问题、看清本质的研究手段。问卷调查与访谈往往更多地作为文献查阅、实践操作、经验总结等方法的辅助手段出现在课题研究的前测与后测中，同时也可作为一种独立的研究方式来操作。问卷其实很早就是社会研究中用来收集资料的工具之一，作为课题研究中的主要方法，它的优点是花钱少、时间短、匿名性好、样本可大可小、地域可广可窄、资料便于计算处理。当然，它也有其自身的弱点：所得资料的质量和问卷的回收率往往难以保证，以及在填写问卷过程中出现的各种误差也不易发现和纠正。不过，因为不同于一般的社会调查，所以它的优点有更多的体现。

（2）访谈

访谈就是研究性交谈，是以口头形式，根据被询问者的答复收集客观的、不带偏见的事实材料，以准确地说明样本所要代表的总体的一种调查方法。访谈可以个别进行，也可以集体进行（如召集小型的座谈会）；可以是正式的，也可以是非正式的。为使访谈顺利进行，之前要尽可能收集有关访谈对象的材料，对其经历、个性、地位、职业、专长、兴趣等有所了解，要预测被访者能提供哪些有价值的材料。在此基础上根据自己的大概想法列出一个详细的提纲来，一般包括时间、地点、采访对象、参加人员、设计的问题、预期的效果等，其中问题的设计要尽量具体，避免笼统，这样才不至于在对话时因紧张而遗漏。还要思考如何发问、提问的方式、用词的选择，以及必要时的备用方案。初次访谈的学习者，可以套用下列表格：

主题名称						
访问者						
访问方式（电话、书信、面谈、网络、其他）						
访问对象	姓名		工作单位		联系电话	
职务				专长		
对象选择的理由						
访谈日期			地点		访问时长	共　分钟
访谈目的						
访谈准备						
拟访谈的问题： 1. 2. 3.						

访谈记录（整理要点）：
结果（是否达到目的、解决什么问题、有些什么收获和体会）：
被访谈者的意见或建议：   　　　　　　　　　　签名：　　年　　月　　日

当然，谈话提纲并不一定都要写在纸上，但一定要有一个谈话的要点和先后顺序，要考虑到被访谈者的顾虑、性格、反应，善于建立融洽的访谈气氛，控制时间、掌握节奏、引领主题。对某些重要的谈话内容要及时记录。

访谈后要对双方的叙述，即访谈内容经由录音（在征得被访谈者同意后）或书面的过程收集后，转录为文本材料，作为资料整理的依据，经研究分析后形成报告。

（3）个案研究

个案研究法就是对单一的研究对象进行深入而具体的研究方法。对于教师来说，个案研究的对象可以是学生、老师，也可以是教材或是某一个教学现象，通过对研究对象的典型特征作全面、深入的考察和分析，提出一些积极的教育教学策略。

个案研究有三种基本类型：①个人调查，即对课题研究过程中的某一个人进行调查研究；②团体调查，即对某个教育组织或团体进行调查研究；③问题调查，即对某个教育现象或问题进行调查研究。

个案研究一般有以下研究步骤：①明确个案研究的目的和内容；②制订研究计划；③实施个案研究；④整理分析材料，形成结论；⑤起草研究报告。

通过尝试，我们认为个案研究是特别适合教师使用的一种方法。从一定意义上说，每个教师都应该是一名教育研究者。但由于教师主要时间和精力还是放在教学和教育工作上，开展大规模的教育调查和严格控制实验，往往有一定的困难。而个案研究的对象少，研究规模也较小；同时个案研究一般都是在没有控制的自然状态中进行的，也不需要在一段时间内突击完成。通过对个案的研究，教师还可以不断总结和评价一些积极的教育措施的实施经验与效果，从而得出对以后教育工作的有益启示。所以，个案研究是特别适合教师的研究。

整个研究过程，要非常注意资料的收集。第一，要把所有活动的过程记录下来。第二，在每次活动中，要进行现场的观察和记录，比如：最初的观点是如何发生碰撞的？研究计划在实施过程中发生了哪些改变？通过研究如何提炼出一个主题等等。第三，积极整理教师的反思、累积初步的资料分析。第四，整理个别学生的学习成长档案袋，以及相关调查报告。第五，要对所有资料进行核检和加工，完成研究报告。

第五章 教学法实例

笛卡尔说过："没有正确的方法，即使有眼睛的博学者也会像瞎子一样盲目摸索。"他认为"最有价值的知识是方法的知识"。

古往今来，国内外教育实际工作者和教育理论工作者共同努力，相继创造了许许多多行之有效的教学方法。

本章采集的教学法是广大教育工作者为了总结和传播教学经验，指导教学实践，发展教育理论，把那些自成体系、独具一格的成功做法，根据"质的规定性"，分门别类，逐一赋予一个特定的名称。我们不必过多地挑剔其命名是否贴切，而应细心地注意其内容的实质，把握它的基本思想、基本内容、操作规程、实效估计等。作者把教学体验升华到方法的高度加以提炼，这是一种积累文化的过程，也是发现和发展真理的过程，而且，这个过程是无止境的。传统教学方法将不断改革，以至日臻完美；崭新的教学方法将不断产生。教学活动终归要沿着科学化的道路发展，并将留下它的光辉轨迹。本章收录的每一种经典性的教学方法都有一段精辟的释文，一般包括它的定义、首创者、理论依据、实用价值、使用导向等，并列举了成功地使用这种方法的典型案例，每种教学方法附一则教学理论。联系实际，融理论性、规范性、资料性、工具性、可迁移性、可借鉴性和可操作性于一体，便于广大教师学习、研究和仿效。

第一节　语文案例

一、比较分析法

上海市普陀区中心小学的教师注意到在中年级阅读教学中有相当多的课文段落文字优美、语言流畅、结构严谨，是学生学习语言的好材料。他们针对学生的认识特点，设计出可让学生比较的段落和内容，进行比较分析，在比较中让学生深入理解课文的表达形式和内容，欣赏课文中的好词好句，增强对课文的感受，使学生懂得作者是用什么方法把一段话写清楚、写具体的。比较分析法在课堂教学中的运用，能增强学生观察、分析、交流的主体意识，使全体学生积极参与到主动的学习活动中去。

【案例】

采用比较分析法教学《荷花》第二自然段：

1. 教师出示第二自然段内容（小黑板1）。

> 荷花已经开了不少了。荷叶挨挨挤挤的，像一个碧绿的大圆盘。白荷花在这些大圆盘之间冒出来。有的才展开两三片花瓣儿。有的花瓣儿全都展开了，露出嫩黄色的小莲蓬。有的还是花骨朵，看起来饱胀得马上要破裂似的。

2. 在阅读理解该段内容后出示比较内容（小黑板2）。

> 荷花已经开了。有的展开两三片花瓣儿；有的全开了；有的还是花骨朵。

3. 板书阅读要求：两段话哪些地方不同？这两段话介绍荷花都可以吗？哪个内容写得好？为什么？

4. 引导学生比较分析小黑板上的两段内容，画出不同点。通过"荷叶"、"冒"、"嫩黄色"等词，知道小黑板 2 这段话缺少荷花开放的程度、形状、颜色等的具体描绘，忽略了"红花还要绿叶扶"的道理，明白了两段话主要的不同是课文中写得具体，而小黑板 2 上的内容不具体，好多没有写到。体验到课文第二自然段描写的具体、形象、生动。

二、创造教育教授法

美国创造教育家托兰斯提出了三种"创造教育"教授法，这种教学方法在美国广泛使用，其中包括：

1. 内容不完全教授法。教师向学生提供必要的线索和信息，留出余地让学生自己推测结论，促使其积极思考，主动学习。

2. 先想后做教授法。

3. 师生问答教授法。尊重学生提问题，不管是简单幼稚的问题，还是难以回答的问题，一律给予引导，促使学生分析。

【案例】

1. 教师上"声音——想象"作文课。教师让学生一分钟听四种不同的声音，要他们各自记下对声音进行想象所想到的词和图形，后再让学生每个人选择一个最有趣的想象，写一篇短文。（这就是先想后做教授法）

2. 学生："老师，上学不是好事吧？广播里咋说形而上学不对呢？"

老师："形而上学，说的不是指谁上学，是指一些人对一些事的错误看法。比方有一个人看见你们现在个子很小，就说你总是这么高。

他说的对吗?"

学生:"不对。我们会长大的,会长成像哥哥、姐姐那样高。"

老师:"那个人说你们没有书包,因为你们的书包在书桌里放着,他没看见。他说没看见书包,就是没有书包。这对吗?"

学生:"不对。他眼睛没看见,我有书包就是有。"

老师:"像他那样看问题就叫形而上学。"

三、电化教学法

电化教学法,就是通过电教媒体进行教学的方法。运用电化教学法,使学生置身于具有吸引力的情境中,会更好地促进学习。在各种教学中,运用电化教学法已是当今社会发展的需要。

电化教学法,包括运用光学设备(幻灯、投影仪)、音响设备(收音机、录音机)、图像设备(电影、电视、录像)、综合设备(语言实验室)等进行教学。

电化教学法,使图像和语言文字结合,易于激发学生的学习兴趣和内部动机,能够增强学习的有效性;它能超越时间和空间,反映出丰富的内容,既集中又强烈;还可以控制和调节,可放慢或重现情景;它能具体反映出事物的发展过程,让学生获得动态的、连续的知识。

电化教学法,要求教师要有创造精神,要有电化设备知识,要掌握教材与电化设备的有机配合,需要掌握的知识领域是宽广的。在运用电化教具时,演示幻灯片,可以边演示,边解说;利用电化教具要穿插在教学中间进行。

【案例】

幻灯教学法是使用幻灯进行教学的一种常规电教手段。远在两千多年前，我国人民就有了类似幻灯的发明——皮影戏和走马灯。19世纪末，在教学上已开始使用幻灯。使用幻灯教学花钱不多、条件简便、见效快、用途广、容易操作。在当前学校的人力、物力、财力十分有限的情况下，是很容易推广普及的。开展幻灯教学有助于吸引学生的注意，调动学生学习的积极性，它提供了大量的科学、形象的感性材料，有助于学生正确理解和掌握抽象的科学文化知识，有助于智力的发展。更主要的是运用幻灯教学，可以缩短课时，提高教学质量，补充教师讲述法和谈话的缺陷。

教师借助幻灯教学法教小学二年级五言律诗《赋得古原草送别》，收到了很好的效果。当银幕上出现一片茂密的、青绿色的草原时：

教师："大草原的草长得怎样?"

学生："很茂盛。"

教师："对，书上的'离离'两个字就是茂盛的意思。"

教师要求学生把这句诗解释一下。

学生都能说："草原上一片青草长得很茂盛。"

教师："什么是'一岁一枯荣'呢?"教师又放上黄色透明片，画面上立刻变成一片枯黄的草原，学生很快就说出"枯"就是"枯黄"的意思。

教师："枯荣就是枯黄与繁盛，一岁就是一年。"

这样，"一岁一枯荣"一句，学生就理解了。

接下去教师再放上第三张复合幻灯片，画面上出现一片燎原大火，席卷草原，大火所到之处，一片焦黄，但地面底下却埋藏着一层青黑色的草根，说明野火并没有把草根烧尽，它仍然活着。

这时又复合上第四张幻灯片，一位美丽的春姑娘慢慢地在屏幕上移动，随着春风的吹拂，万物生长，草原上又出现了"离离原上草"的景色。"春风吹又生"一句，就从感知阶段很快地达到理解的境地。这时，学生都能说出：草原上的草被烧掉，但草根没有死，当春天来到的时候，草原上的草又长出来了。教师因势利导，说明野草顽强的生命力，在现在被人们比作革命者的顽强战斗精神。

四、发现法

发现法作为一种严格意义的教学法是美国认知主义心理学家杰罗姆·S. 布鲁纳在《教育过程》一书中提出的。这种方法要求学生在教师的认真指导下，能像科学家发现真理那样，通过自己的探索和学习，发现事物变化的因果关系及其内在联系，形成概念，获得原理。在这个认知学习过程中，学生能够同时体验到"发现"知识的兴奋感和完成任务的自信心。这种兴奋感和自信心可激发学生学习的内在动机。

布鲁纳说："发现包括着用自己的头脑亲自获得知识的一切形式。"发现法能较正确地、较充分地体现出教和学这对矛盾在发展中的关系。学生是学习的主体，教师起主导作用。这种方法有利于培养学生的发明创造能力。

发现法倡导者之一波来亚提出了发现法的三个原则：

（1）主动学习：学习最好的方法是自己去发现。这个原则是苏格拉底（更早是中国孔子）教学方法的理论基础，是一个自从有教学活动以来就有的一个古老的原则。（2）最佳动机：凡是富有成效的学习，学生必须对要学习的材料有浓厚的兴趣，而且在学习活动中感到愉快。（3）学习过程：康德写道："学习从活动和知觉开始，从而导向语言和概念，最后终于形成人们所要求的智能习惯。"也就是说，为了使学习富有成效，在形成概念以及使用语言符号之前必须有一个探索的阶段，最后所学的知识必须融入并成为学生整个观念的一部分。在这个学生学习的过程中，教师要起主导作用。

发现法的教学过程包括探索和讨论两个方面。探索是发现法重要的组成部分，是学生自行学习获得知识的核心。探索是在教师的精心安排的情境下进行。这个情境应蕴藏着该学习课题的中心思想的种子，由学生从各个不同的角度进行探索去发现它。探索期间应考虑到三个关键问题：创造和利用适合儿童探索的环境；设计探索的情境；探索的进行。讨论是学生把探索的东西以语言为工具，与大家交流的活动，在讨论中质疑问难，澄清思想，并逐渐以精确的、强有力的数学语言从具体过渡到抽象，得出一致的结论。

布鲁纳说："发现，不限于寻求人类尚未知晓的事物，确切地说，它包括用自己的头脑亲自获取知识的一切方法。"发现法的基本做法是将前人原来的发现过程从教学的角度加以编制，变为学生能负担得了的"适中问题"，减少原来发现的迷途与岔路，使学生思考、选择。

发现法的基本过程为：（1）设置问题情境，引起兴趣，形成动机；（2）提问、演示、观察、分析、比较，进行选择思维，提出假说；（3）验证假说，提出一般原理或概念。

发现法的优点是：有利于形成内部动机；有利于迁移能力的形成；有利于培养创造态度。但发现法也有其局限性：忽视了学习过程的基本特征。事实上并不需要事事发现，如过多使用发现法，占时太多；发现法忽视学科特点，仅适用数理科，文史、艺术科却不适用；发现法忽视学生差异，给差生造成越来越重的自卑感；发现法有极大的偶发性。

【案例】

教师：《泊船瓜洲》中概括描写江南景色的诗句是哪一句？

学生：是"春风又绿江南岸"。

教师：这句诗中哪个字用得特别好？

学生："绿"字用得最好。

教师：那么，"绿"字好在哪儿呢？

学生：（一时回答不出，作沉思状）

教师：写这诗时，诗人曾反复吟诵，先后换过好几个字，有"到"、"过"、"入"等，我们也来换换看，吟吟看。（板书：到、过、入）

学生：（轻轻吟诵）"到"，只说明春天来了。

教师："到"没有写出江南的景色。那么"过"呢？

学生："过"只说明春风吹过去了，怎样的景色不知道。

教师：对了，"过"也没有写出江南的景色。"入"字呢？

学生："入"也只说明春风吹来了。

教师：那么"绿"字呢，体会到了吗？好在哪儿？

学生："绿"字写出了春天到了江南后景色的变化，到处一片绿色。

教师：对了。"绿"字用得很恰当，生动地写出了春天到后，江南生机勃勃的景象。"绿"得可爱，引起诗人对家乡深深的思恋。好，我们一起把这句诗有感情地朗读一遍，注意突出"绿"字。

学生：（朗读）

在阅读教学中运用"发现法"，对于改变传统的"先生讲学生听"的教学方法，让学生做学习的主人，充分发挥学习的积极性，主动探求和获取知识，有着积极的意义。"发现法"的步骤一般为：（1）发现并提出问题；（2）运用已有的知识进行推理，作出解答问题的假设，探求解决问题的办法和途径；（3）展开讨论，各抒己见；（4）归纳、总结，得出合乎情理的结论。

五、故事创作法

故事创作法是创造性作文训练中值得提倡的一种练习方式。在国外备受推崇，在国内也引起广大教师的关注。训练形式包括寓言、童话、想象性故事等。训练目的在于鼓励学生以敏锐的感受性，丰富的想象力和思维的独创性，写出具有个性的好文章。苏联教授拉德任斯卡娅在介绍故事创作法时指出："虚构不是无中生有，它同样以实际生活为依据，故事中的各种情节应符合生活的实际。编拟故事是内容与形式的有机融合。"

故事创作法训练类型有：（1）按照某一个情节进行扩写；（2）按照某一个开头进行续写；（3）按照规定的题目虚构全文。

运用此法的过程中，教师可以按下列问题来帮学生完成故事创作：（1）你的故事有良好的开头吗？（2）故事的人物、背景和顺序讲清楚了吗？（3）故事有顶点或高潮吗？（4）故事中的主人公怎样克服困难，有适当的说明吗？（5）故事的各部分符合使读者满意的最终目的吗？

运用此法的意义在于：（1）调动学生写作积极性，激励写作动机，让学生体验作文的乐趣。（2）刺激自由想象的练习。（3）提供一个有丰富习作内容的作文机会，使儿童创造性作文的才能得到淋漓尽致的展示。

【案例】

1.根据故事开头续写。

猎狗养了一缸金鱼。一天猎狗想出外打猎,就请好朋友小花猫帮他照看金鱼。几天之后,猎狗打猎回家,发现——

2.根据提供的材料(条件)编故事。

《魔术师的故事》

提示:人物——魔术师、船长。

　　　地点——出租的游艇上。

　　　事件——船长想利用职权非法夺取某人遗嘱,魔术师运用

　　　　　　　魔术手法智取遗嘱。

3.根据题目编故事:小狐狸和老乌鸦。

第二节　数学案例

一、动象发现教学法

动象发现教学法是教师运用现代教育技术,有目的地通过变动着的图象引导学生在观察、比较、归纳中领悟、发现数学知识,使学生的形象思维和抽象思维能力得到同步发展的一种综合性教学方法。这是广西电化教育馆根据数学教育工作者历来提倡的"数形结合"原理,在教学中尽力让数和形相互联系着在儿童的头脑中动起来,让符号和它的表象同步内化,成为儿童感受两类不同性质的材料,利用电教媒体提供"变动着的图象"这一独特优势与条件,让新旧知识在联系和区别之处"动"起来,把同类现象的共同特征集中地、强烈地显示出来,以求得难点的突破,并求得形象思维的形成和发展,这是动象发

现教学法得以区别迄今的其他小学数学教学法之处，具有鲜明的时代感。

【案例】

"长方形面积计算"，创设情景，投影显示：

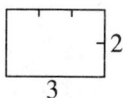
图 1

图 2

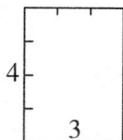
图 3

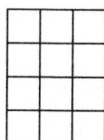
图 4

师：图 1 这个长方形可以画成多少个 1 平方厘米的小方格？它的面积是多少？（静场，让学生思考）演示图 2。接着，教师又通过演示图 3 和图 4，重复上述提问、思考和演示过程。归纳发现：请同学们仔细观察，然后在表上填出每个长方形的宽、长和面积各是多少。教师逐次抽拉投影片，使分别形成由一行、两行、三行小方格形成的长方形，且每次抽拉时通过问答填写好表 5 中前 3 行中的一行。师：想一想，长方形的宽和长与它

宽	长	面积
1	6	6
2	6	12
3	6	18
4	6	24

图 5

的面积之间有什么关系？同座同学可以小声交换意见。教师继续抽拉投影片显示由四行小方格组成的长方形，并通过问答填出表中第 4 行。师：哪位同学发现了长方形的面积和它的长、宽有什么关系？（生回答）接着教师指导学生阅读课文，验证发现。（过程从略）

二、范例教学法

这种教学法产生于 20 世纪 50 年代初的联邦德国，主要代表人物瓦根舍因、克拉夫基等，尤其马尔堡大学的教育家克拉夫基对"范例教学"作出了巨大的努力，他的理论在东德、苏联、法国、日本等国家得到了介绍，有一定的影响。为了克服教材内容的烦琐，培育学生主

动性、创造性，要求从日常生活中选取隐含着本质因素、根本因素、基础因素的典型事例和范例，使学生透过这种范例，掌握科学知识和科学方法论，并学习科学的本质与生活态度，将科学的系统性与儿童的主动性和谐地统一起来。其理论依据为：为培养出具有真才实学的有教养的人，首先要改革教材，要充实根本的、基础的、本质性的内容，使学生得以借助精选了的教材，通过同"范例"的接触，训练学生的独立思考和判断能力。

"范例教学"的主要观点，可以归纳为四句话：

1. 教学内容上坚持三个特性：基本性、基础性和范例性。

2. 教学要求上达到四个统一：一是教学与训育的统一；二是解决问题的学习与系统学习的统一；三是掌握知识与培养能力的统一；四是主体与客体的统一。

3. 教师备课上做到五个分析：基本原理的分析，智力作用的分析，未来意义的分析，内容结构的分析，内容特点的分析。

4. 教学程序上分为四个阶段：（1）范例性地阐明"个"的阶段；（2）范例性地阐明"类型"和"类"的阶段；（3）范例性地掌握法则性、范畴性关系的阶段；（4）范例性地获得关于世界关系的经验。这种教学法主要用于历史、地理和理科。

【案例】

教师要求二年级学生每人带各种面额的人民币硬币，如5角、1角的各10枚。上课时，教师提出：

每人在桌面上摆出5个5角的硬币和1个1角的硬币。

接着提出：怎样列式计算它们的总和呢？你能列几种算式就列出

几种？再比较、分析、确定哪种算法最简捷（即最佳算法）并说出自己是怎么思考的。

结果，同学们列出了如下算式（教师把这些有代表性的算式写在黑板上）：

$5+5+5+5+5+1=26$ （角） ⋯⋯⋯⋯⋯⋯⋯⋯⋯⋯⋯⋯ （1）

$1+5+5+5+5+5=26$ （角） ⋯⋯⋯⋯⋯⋯⋯⋯⋯⋯⋯⋯ （2）

$5×5+1=26$ （角） ⋯⋯⋯⋯⋯⋯⋯⋯⋯⋯⋯⋯⋯⋯⋯ （3）

$5×6-4=26$ （角） ⋯⋯⋯⋯⋯⋯⋯⋯⋯⋯⋯⋯⋯⋯⋯ （4）

$1×6+4×5=26$ （角） ⋯⋯⋯⋯⋯⋯⋯⋯⋯⋯⋯⋯⋯⋯ （5）

⋯⋯

比较、分析、讨论认为：（3）和（4）是最佳算法，运用了"求相同加数的和用乘法计算"的计算法则。显然，提出这两种算法的学生的思维富有灵活性和创造性。

三、布鲁纳发现法

此法为美国心理学家布鲁纳所倡导，并在美国广泛推广。

布鲁纳认为：发现，并不限于寻求人类尚未知晓的事物，而应指人们用自己的头脑亲自获得知识的一切方法。从教学的角度看，如果教师只作引导，让学生自己主动地去学习，去概括出原理或法则，他们就会因自己发现所感到的愉快和成就欲的满足而使学习具有强大的动力，所得知识也会深刻而不易遗忘。并能广泛应用于实际，有助于智力的发展。布鲁纳理论中一些非常正确的论点，是现代教学论中的宝贵财富。而重视学生学习的主观能动作用，重视发现的学习，正是这些闪光的财宝之一。

【案例】

教学"商不变的性质"。

首先,列出一批例式:6÷3＝2,12÷6＝2,20÷10＝2,30÷15＝2,60÷30＝2,180÷90＝2,600÷300＝2,2400÷1200＝2,6000÷3000＝2……让学生仔细观察思考:这些式子的共同之处是什么?为什么这些式子中,被除数和除数都不相同,而商都是一样的?

然后,以60÷30＝2为标准,让学生把它的被除数和除数分别与其他各式的被除数和除数对应比较,看看能发现什么?(被除数和除数同时扩大或缩小了相同的倍数)

60÷30＝2　6÷3＝2

60÷30＝2　12÷6＝2

60÷30＝2　20÷10＝2

60÷30＝2　30÷15＝2

60÷30＝2　180÷90＝2

60÷30＝2　600÷300＝2

60÷30＝2　2400÷1200＝2

60÷30＝2　6000÷3000＝2

最后,由学生自己定出商不变的性质,从而完成从具体到抽象的过渡。

四、操作教学法

何谓操作教学法呢?操作教学法就是在教学过程中运用大量的直观教具、学具、图片、实物等,通过学生自己的观察、操作和探究,获得丰富的感性认识,然后在教师的指导下进行抽象概括,从而掌握知识和技能的一种教学方法。现代教育心理学研究表明，对于学生能完全掌握并对以后学习起重要作用的那些基础知识，最好让学生不单纯凭借教师和书本，而通过自己的操作和探究而获得，这对学生来说，无论是掌握知识还是培养能力和个性都有着积极意义。基于此，安徽师大教育系陈思建教授首先提出了操作教学法。

【案例】

一位教师在教"长方体和正方体的认识"时，师生同时拿出各自预先准备好的小刀和土豆（其他薯块也可以），教师边演示边讲解，学生边观察边操作。

第一步，教师引导学生在土豆4:1处横切一刀，教师指着较大的那块的横截面说，这是一个面，如图1；

第二步，引导学生朝这个面的垂直方向（稍偏边一点）切一刀，这时就出现两个相交且垂直的面，教师指着实处说，两个相交的边叫做棱，如图2；

第三步，引导学生朝与两个面都垂直的方向切一刀，这时候便出现三个相交的面和三条棱，教师指着实处说，三条棱相交的点叫做顶点，如图3；

图1　　　　　　　图2　　　　　　　图3

仅仅切了三刀，就把立方体的三个基本构件要素——面、棱、顶点的概念及其形象同时深深地烙印在孩子们的脑子里，可谓终身难忘。完成了本节教学任务之后，在布置作业时，教师要求学生，继续把那一个不完全的土豆立方体，再切三刀，使它成为一个标准长方体。

上述教学的成功，就在于遵循了儿童的从感性到理性，从具体到抽象的认识规律，把数学与生活，概念与事实有机地自然地结合起来，让学生在直接活动中获得数学知识，其认识效果是深刻的，正如挪威著名戏剧家易卜生曾经所说的："即使千言万语也不及一件事实留下的印象那么深刻。"上述教学之所以成功，还在于教师根据心理学关于"多种感官参与认识活动，认识效果比较好"的原理，把学生的视觉、听觉、触觉、运动觉都动员起来，参加学习活动，从而产生了良好的综合感知效应。

五、尝试教学法

尝试教学法是我国当代改革有成效的典型教学法之一。又叫五步教学法、小学数学尝试教学法。此法倡导者是中国教育学会数学教育研究发展中心尝试教学理论研究会理事长邱学华。

尝试教学法的核心是"先学后教，先练后讲"。即学生先在旧知识的基础上通过尝试题进行尝试练习，在尝试的过程中教师指导学生自学课本，引导学生讨论，然后在学生尝试练习的基础上教师再进行有针对性的讲解。邱学华本人则将其概括为："一个兴趣两基本，三个为主四当堂，五步教学六结构"。

尝试教学法的一般操作规程为：（1）出示尝试题；（2）自学课本；（3）尝试练习；（4）学生讨论；（5）教师讲解。由于地区、班级、学生、教材、教师的不同特点，可有增有减，相互调换、合并。如第二步与第三步可调换；第二、三步，第四、五步可合并；为澄清概念上的模糊认识和计算上的错误，可在第五步后增加"第二次尝试练习"；

为使学生对尝试题认真理解，可在第一步之后先让"学生讨论"。下面对尝试教学法的每步操作程序作一说明。

1. 出示尝试题。即提出问题。每堂课的开始，教师要向学生明确提出学习内容和基本要求，最后出示尝试题。具体要求如下：（1）尝试题一般应同课本例题同类型、同结构；（2）出示尝试题后应提出使学生感兴趣的启发性问题。如"谁会做这道题目"等。

2. 自学课本。在学生产生好奇心的基础上，引导学生阅读课本例题，从而学会尝试题的解答方法。本步骤应注意以下几点：（1）先提思考性问题，如教一道工程问题，可提为什么要设"1"，这个"1"代表了原题中的什么？（2）教师应鼓励学生提出问题。

3. 尝试练习。从各种不同水平的学生中抽样板演，其他同样在草稿本上练习。实施本步骤，教师要随时了解练习情况，学生可对照书上的例题边看边做。

4. 学生讨论。即板演者讲清算理，其他学生对板演的情况进行分析，评析谁对谁错，不同看法展开争论。

5. 教师讲解。教师运用评讲尝试题的方式，对难点、重点、关键点进行讲解，讲解时应多采用直观手段。

【案例】

邱学华在江苏常州市上的一堂公开课，讲授分数乘除混合运算，体现了尝试教学法的五个步骤。现择取关键处如下：

师：下面是找一个数的倒数，请同学们抢答。

出示卡片 $\frac{3}{5}$，全班学生几乎同时回答："$\frac{5}{3}$"。（评：抓住小学生心理特点，激起求知欲。）

师：刚才是容易的，下面是较难的了，看谁又对又快地说出一个数的倒数？

出示卡片 $8\frac{3}{4}$，一同学抢答"$\frac{4}{35}$"，教师让其讲方法，学生讲算理。

（评：精心设计，为导入新课作铺垫。）

（师板书：$2\frac{1}{4}\div3$　$3\frac{1}{3}\div1\frac{2}{3}$）

师：请看这两道题，有什么特点，是什么除法？谁能讲讲它们计算的一般步骤？

（学生回答问题，并讲请解答步骤。）

师：我在这两个算式的后面分别添上"$\div2\frac{2}{5}$"与"$\times2\frac{1}{4}$"，变成

$2\frac{1}{4}\div3\div2\frac{2}{5}$　$3\frac{1}{3}\div1\frac{2}{3}\times2\frac{1}{4}$

第一题是分数连除式题，第二题是带分数的乘除混合式题，这是今天这堂课我们要学的内容。

（评：很自然地"出示尝试题"。）

师：黑板上的题目与课本（五年制，第九册）第35页的例3、例4差不多，请同学们看看书上是怎么解答的，书写格式又是怎么样？（学生看书，此为"自学课本"。）

师：现在请两位同学到黑板上来做，其他同学在"随练本"上做。

（此为"尝试练习"）

（板演，检查，纠错，并让错的同学讲清错在哪里。）

师：请××同学讲讲自己的板演。

生：这道题是带分数乘除混合运算，我先把每个带分数都化成假分数，遇到除以一个数就改成乘以这个数的倒数，遇到乘号就照抄，相乘之前能约分的先约分，最后算出结果。计算结果是假分数的化成带分数或整数。

（尝试教学法的第四步，"学生讨论"。）

师：在做分数连除或乘除混合运算时，有几步呢？第一步是什么？

生：第一步是把带分数化成假分数。

师：这可以简称为"一化"（板书）。第二步呢？

生：第二步是把除号改为乘号。

师：这可以简化为"二改"（板书）。第三步呢？

生：把除数的假分数的分子分母颠倒过来。

师：这可以简称为"三倒"（板书）。以上三步往往是一下子完成的，第四步呢？

生：第四步是约分。

师："四约"（板书）。最后呢？

生：计算结果。

生：计算结果是假分数的要化成带分数或整数。

师：第五步简称为"五算"（板书）。为了便于记忆，我们概括为："一化、二改、三倒、四约、五算"。

六、六课型（因素）单元教学法

六课型（因素）单元教学法是我国当代改革有成效的教学法之一。中学称"六课型单元教学法"，小学称"六因素单元教学法"。倡导者为湖北大学教育心理学教授黎世法。

六课型单元教学法，即将现行教材分成若干教学单元，每单元均按"自学课→启发课→复习课→作业课→改错课→小结课"六种前后紧密联系的课型进行教学。六因素单元教学法，是把教学内容划分为若干个单元，每个单元按"自学、启发、复习、作业、改错、小结"六个步序进行。六课型（因素）单元教学法，旨在从学生的学情出发，培养学生的自学能力。

六课型（因素）单元教学法构建在科学的研究基础之上。调查表明，优秀生学习知识皆经过八个环节：制订计划→课前自学→专心上课→及时复习→独立作业→解决疑难→系统小结→课外学习。本教学法即根据以上八个环节中的六个主体环节分别提出相对的六种课型。黎世法概括了学生学习书本知识的十条心理规律：（1）内因律：学习是内因起作用的主动过程；（2）基础律：从自己的实际起点上开始学习并逐步提高；（3）理解律：掌握知识结论的推理过程；（4）运用律：形成基本技能，将知识具体化；（5）改错律：发现、分析错误并及时改正；（6）结合律：脑和手、课内和课外、理论和实践相结合；（7）精学律：重在掌握基本的事实、理论、技能和思维方法；（8）智能律：概括知识、综合技能，培养自学能力；（9）脑效律：遵循学习规律，提高学习效益；（10）勤奋律：严格要求，克服困难。

六课型（因素）的含义分别为：

1. 自学课（自学）

学生在教师指导下，自觉主动地获取知识和技能，从而发展能力。

其基本程序是：（1）布置自学提纲；（2）自学指导谈话；（3）根据需要组织学生进现场观察、实验和社会调查；（4）学生自学，教师巡视；（5）做练习参考题，加深对教材的理解。

2. 启发课（启发）

从学生实际出发，澄清自学过程中难以解决的共同性问题，对关键点给以指导，使学生全面深入地了解教材。本课型（因素）应注意以下几点：（1）讲解，简明扼要；（2）让学生带着问题学习；（3）鼓励提问；（4）学生可发表独到见解，教师进行补充。

3. 复习课（复习）

学生在教师引导下，对所学知识进行独立复习，使知识系统化。步骤有：（1）布置复习提纲，进行复习指导谈话；（2）学生复习并写笔记；（3）教师个别指点，解决共同性问题；（4）若干学生讲解复习笔记并对其进行评论。

4. 作业课（作业）

教师指导学生将学习的知识运用于实际，培养其分析问题、解决问题的能力。它应注意以下事项：（1）作业有代表性；（2）有作业指导谈话；（3）学生独立作业时，教师巡回指导；（4）注意技能的综合化。

5. 改错课（改错）

教师引导学生分析作业错误的原因，改正错误，从而掌握正确的作业方法。学科不同，改错的方法也不同。如数学改错课包括以下几个步骤：（1）教师进行改错指导谈话；（2）互改作业；（3）学生演示并讲解作业，其他学生与之对比，并进行讨论；（4）在重作本上重做自己做错或改错了的题目；（5）根据缺陷在教师的指导下制订课外自学计划。（6）对以上作业评分。

6. 小结课（小结）

学生在教师指导下，通过复习和练习，独立思考，使所学知识系统化、概念化，使所学技能综合化、熟练化。它应注意：（1）布置小结提纲并进行指导谈话；（2）学生根据提纲作独立小结；（3）教师小结前，让学生讲述自己的小结内容；（4）小结后进行测验。

六课型（因素）单元教学法的实验，自1979年开始，已经历30余年时间。截止到2012年，全国有3万多所中小学进行实验，10多万教师运用此教学法。实验规模之大，发展速度之快，是空前的。实验有助于大面积提高教学质量，培养学生的自学能力和创造才能。实验对全国的教学法改革起到了极大的推动作用，各地纷纷召开实验研讨会、举办实验培训班，有的地方还成立六课型（因素）单元教学法研究会。与此同时，它也在国外有一定反响。

六课型（因素）单元教学法立足于"学决定教"的思想，构建了教与学相互结合的教学新体制，突破了传统课堂教学的格局，是对教学结构的系统改革，具有一定的理论价值和启发意义。

【案例】

教授：长方体的表面积

教具准备：师生各备火柴盒一个。

单元划分：（一）长方体表面积与计算长方体表面积公式的推导；（二）长方体表面积的计算。

教学过程：

自学指导谈话：同学们，上节课我们学习了长方体和立方体的特征，这一节课我们要学习长方体的表面积。（板书课题：长方体的表面积）通过自学要达到两个目的：

1. 掌握什么叫长方体的表面积；

2. 怎样计算长方体的表面积。

第一单元

（一）

师：想一想长方体有哪些特征（出示长方体教具火柴盒）。

生：长方体由 6 个面组成，它有 8 个顶点 12 条棱。

师：看一看这个长方体的每组对面的面积怎样？

生：相等。

（二）

师：观察这个长方体展开图看看有哪 6 个面？

生：上下面、前后面、左右面。

师：怎样求这 6 个面的总面积呢？

生：上下面＋前后面＋左右面。

师：那么什么叫长方体的表面积，请同学们看书第一自然段再回答。

（学生看书）

师：看一看火柴盒有图案的这两个面的长和宽，相当于长方体上的哪两条棱呢？

生：长和宽。

师：再看一看有黑色图案这两个面上的长和宽相当于长方体上的哪两条棱呢？

生：宽和高。

师：最后再看火柴盒有蓝色图案这两个面上的长和宽相当于长方体上的哪两条棱呢？

生：长和高。

师：那么这六个面的总面积该怎样求呢？

生：长×宽×2＋长×高×2＋宽×高×2

师：回答得正确，再想一想它有怎样的规律？

生：一般先求上下面的面积，再求前后、左右各面的面积。

（三）

师：看教材，用下划线画出什么叫长方体表面积。

生：（略）。

师：想一想，计算长方体表面积方法是怎样的呢？

生：（长×宽＋长×高＋宽×高）×2

师：一个长方体纸盒长 6 厘米，高 4 厘米，宽 5 厘米，求它各个面的面积（口答列算式）。

师：上下面的面积？

生：6×5×2

师：前后面的面积？

生：6×4×2

师：左右面的面积？

生甲：6×4×2

生乙：错了，左右面的面积是宽×高×2，应是 5×4×2。

师：回答得好。

师：为什么求每组面的面积时都乘以 2 呢？

生：因为长方体每组对面的面积相等。

师：求火柴盒外壳的表面积，怎样计算？

生：（长×宽＋长×高）×2

师：为什么不用宽×高呢？

生：因为火柴盒外壳没有这两个面，所以不用宽×高。

第二单元

（一）

学习例题，轻声读题，析题过程中不懂的地方用"?"表示，自学后回答下列问题。

师：这个例题求什么？

生：求这个长方体纸盒的表面积。

师：看算式说出每个棱长的名称。

生：长×宽×2＋长×高×2＋宽×高×2

师：把 $6×5×2＋6×4×2＋5×4×2$ 这个算式分成三个独立的算式并说出它各求的是什么？

生甲：$6×5×2$ 求的是上下面的面积。

生乙：$6×4×2$ 求的是前后面的面积。

生丙：$5×4×2$ 求的是左右面的面积。

师：那么（$6×5＋6×4＋5×4$）×2 这个算式又是根据什么列的？为什么这样做？

生：根据乘法分配律列出的，为了计算简便。

选择答案，对的算式打"√"，错的打"×"，并画线条表明错在哪里。

利民白铁厂做一长方形不带盖的桶，长2.5米，宽2.5米，高3.5米，制作一个这样的桶，至少需铁皮多少平方米？

A．（2.5×2.5＋2.5×3.5＋2.5×3.5）×2 　　　　（×）

B．2.5×2.5×（2.5×3.5＋2.5×3.5）×2 　　　　（×）

C．2.5×2.5＋（2.5×3.5＋2.5×3.5）×2 　　　　（√）

（三）

选做题：一个教室长8米，宽3米，高4米，要粉刷教室的顶面和四周墙壁除去门窗22.4平方米，粉刷面积是多少平方米？

（由1—5号学生说答案，同桌互批）

（四）

小结：

师：什么叫长方体表面积？

生：长方体6个面的总面积叫作长方体表面积。

师：计算长方体表面积的方法是什么？

生：（长×宽＋长×高＋宽×高）×2

师：在计算长方体表面积时，一定要注意审题，灵活运用公式正确解题。

附：版面设计

课题　长方体表面积

例题_____

长方体 6 个面的总面积

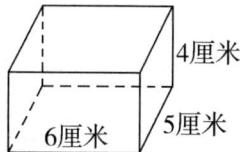

上下面＋前后面＋左右面＝$\underbrace{6\times5\times2}+\underbrace{6\times4\times2}+\underbrace{5\times4\times2}$

$=60+48+40$

$=148$（cm²）

（长×宽＋长×高＋宽×高）×2＝$(6\times5+6\times4+5\times4)\times2$

$=74\times2$

$=148$（cm²）

小结：1. 什么叫长方体表面积？

_____

2. 计算长方体表面积方法？　答：_____

_____。　　　　_____

七、综合构建法

综合构建法也是我国当代改革有成效的教学法之一。综合构建法又称"综合构建数学教学新体系"。首创者为我国美学家、音乐教育家、教育心理学家赵宋光教授。

"构建"一词源于皮亚杰的心理学学说，特指"构筑、建造良好的心理结构"。"新体制"建筑在马克思主义的人类学实践观点之上，强调使用工具的意义：工具延长了人类的肢体，也使主动过程中形成的心理结构上升到超生物的水平，并沿着社会性的轨道发生、生长、发育、成长。这一心理发展规律具有重要的教育意义，即"在教育工程中，向受教育者提供一系列精心设计的学具，包括实物性的和符号性的两类学具（在幼儿园里的雏形就是各类玩具），诱发学习者以操作与言语活动模仿那些事先经科研设计而当场由教师示范的操作——言语模式，进行主动的自我构建。"（赵宋光：《关于"综合构建"概念的几点说明》，《教育研究》1988 年第 6 期）

"综合"同"整体"、"全面"相近，无论从教学理论还是从教学实践方面看，教育教学都向设计者、组织者、教师和学生提出了综合的要求。从知识角度看，是多学科综合构建，如数学是算术、几何、代数的综合；从生理角度看是多器官综合构建；从教学过程看是多手段综合使用，包括实物教具、学具、符号格局、图象的综合；从心理素质方面看，是多因素的综合构建，有智能、意志、情感三类结构。"新体制"强调学生自己主动操作活动的动力作用，是一种新的教学观念。它冲破了教学仅依靠语言，忽视学生主体实践活动的传统教学模式（"动口不动手"），代之以新的模式：强调直观教（学）具、符号格局、肢体动作、言语行动的内在结合，有助于发展学生的各种认识能力。

"新体制"在长期的实验过程中，已形成一种具有挑战意义的学习理论——"构建生成学习理论"，它有独特的教学程序：

第一阶段：有言语伴随的实物操作活动。用肢体动作操作教具、学具，在问题情境中建立新的数量关系层次。同时亦有符号和教学双方的言语活动，从而形成操作和言语的镶嵌结构。

第二阶段：面对符号序列进行有手势表演伴随的阅读讲演，目的在于通过言语活动把感性的实物操作内容同理性的符号序列形式结合起来。

第三阶段：对符号序列加以变换，寻找变换规律，引导学生发现操作中的规律性动作。

第四阶段：面对图像在理性操作指导下用语言组织起想象中的一整套实物操作，旨在把有关某一组数量关系的成套动作凝练化，使学生形成清晰的表象结构。

第五阶段：从规范化的符号结构中看出合乎当前目的的转换方式，由前四阶段的操作完形发展到理性直观。后者是比前者更为精练直观的符号格局，它具有更为简便的解题规则，超越了前者。

由此看出，五阶段学习理论是以操作完形为基础，以理性直观为构造的教学活动。"操作完形"的提出是对传统数学教学的重大挑战。传统的数学教学是先算术（小学）后代数（中学），形成了感性材料和理性形式的尖锐对立：小学仅是感性材料的堆积，而未提出理性形式的要求；相反，中学则用理性形式排斥感性材料，对发展学生的智力极为不利。"新体制"则通过感性操作积累算术知识，通过理性操作培养代数运算能力，促成了算术与代数融为一体，知识与智能同步发展的局面。

【案例】

"3 的操作完形"

（教师、学生双方同时摆弄实物教具和学具，把两只小白兔贴在绒板上）

师：这是几只？

生：两只。

（再加贴 1 只小白兔图）

师：加几只？

生：加 1 只。

（教师手指 3 只小白兔画一大圈）

师：等于几？

生：等于 3。

（教师再指着 3 只小白兔图问学生）

师：这里几只？

生：3 只。

（教师从绒板上取下 1 只小白兔图）

师：减几？

生：减 1。

（教师指着绒板上剩下的小白兔图）

师：等于几？

生：等于 2。

（将这种操作的教学，用算盘形式重演一遍，教师板书：2＋1＝3
3－1＝2）

师：原来有这么多（指着加式里的"2"），加上它后（指加式里的"1"）就变成那么多了（指加式里的"3"）。

师：从那么多里（指减式里的"3"），减去它（指减式里的"－1"）就又变回这么多了（指减式里的"2"）。

［评价：用"这么多"、"那么多"、"它"等词来代替具体的数字，有助于进行代数思考。］

（教师拿出 5 块小牌，每块上写有一个数字或记号，其中一块牌一面写"＋"，另一面写"－"，教师把五块小牌组成"2＋1＝3"的算式。）

师：谁能把这个算式（指五块牌组成的加式）变成那个算式（指板上"3－1＝2"式）？

（学生到黑板前调牌、翻牌。连续有几个学生做对后，让学生讲自己的想法，引导学生在叙述中把"2"和"3"换成"前头的"和"末尾的"。）

[评价：这样表达，摆脱了数字的具体含义而注意其所在的位置，从而引导学生从算术概念上升到代数概念。]

（教师指导学生做如下动作：两手伸出，手掌向黑板，左手挨近左端的牌，右手挨近右端的牌。）

师：头尾对调（两臂交叉）加减（右手挨近"＋"或"－"，手掌向牌）改号（右手掌翻掌）。

师：（按下列节奏边念边读）

×× ｜ ××0 ｜ ×× ｜ ××0 ‖

头尾 　对调　　加减　　改号

[评价：此为"变换算式的歌谣"（口诀）。用这样的口诀进行变换式子的操作，已达到"熟虑水平的理性操作"，即用代数观念进行算式之间的推导演算。]

（让学生到黑板前，先带动作按节奏说出口诀，再实际调牌、翻牌。）

（教师在黑板左右各板书两组算式）

左边　　2＋1＝3　　　　右边　　3－1＝2
　　　　1＋2＝3　　　　　　　　3－2＝1

（教师按第一句歌谣的程序，手做动作和口说词句相结合，教第二三句歌谣：

××｜××0｜××｜××0‖

加号　前后　　可以　对调

×××｜×××｜××｜××0‖　）

减号后　等号后　可以　对调

由此看来，"3的操作完形"的形成经历了以下几个阶段：（1）实物的感性操作（感性层）；（2）朗读、书写（为理性过渡作准备）；（3）对算式动手变换，并学习带手势朗诵三句变换算式的歌谣（理性层）。

第三节　其他学科案例

一、念动教学法

念动教学法是美国心理学家苏思倡导的体育教学法。这种方法是在学生头脑清醒和注意力高度集中的情况下，有意识地努力利用自己头脑中已经形成的运动表象的回顾和重复，修正、发展和创造自己的动作。其心理机制是在头脑里描绘动作表象时，会使有机体产生和实际进行某种动作时相似的生理变化。例如，在学生接受声音刺激而在头脑里描绘屈右臂的表象时，右臂肌电变化的形状和持续时间与实际运动很相似。同时，整个念动的过程不受任何外界干扰而有条不紊地进行，并能在不消耗大量体力的情况下，多次重复正确的动作感觉，有助于动力定型的形成。不过，由于高度注意集中的时间不能持续太久，每次念动教学的时间，通常不能超过5分钟，否则会产生神经和心理的疲劳。

【案例】

1. 准备阶段。向学生介绍心理训练的基本知识，列举念动教学提高教学效果的实例，激发学生的学习动机。

2. 集中注意阶段。让学生自行选择最舒服的放松姿势，闭眼，逐渐放松入静，借助中国传统气功"意守丹田法"集中自己的注意力，也可以借助印度瑜伽中的"冥想"集中注意力。

3. 发动阶段。由教师轻声提示，将学生要练习的动作，用较快的语速反复叙述，当学生熟练以后，由学生自我暗示发动。

4. 念动阶段。事先要求学生熟记成套动作的暗示语，最好编成易记的口诀。发动后，令学生一面用暗示语自我暗示，一面在头脑里按部就班地回忆整套动作的表象和用力感。开始时可稍慢于正常动作速度，精确地想象每一个动作细节。重复几遍后，逐渐过渡到正常的动作速度，以使动作表象和用力感趋于真实。一旦学生肢体出现轻微的活动，直至不由自主地进行活动，则达到了念动教学的最佳效果。

二、设计教学法

这种方法是美国教育家克伯屈以其导师杜威的"思维五步说"为基础发展而来的，是杜威教育思想在教学实践中的具体化。20 世纪 20 年代初，此法传入我国，在一些中小学试行。

设计教学法是采用"设计"活动的方式来指导学生进行学习活动的一种方法。这种教学法的基本原理在于"思维起于疑难"，疑难在活动中产生，学习就是要产生疑难与解决疑难。让学生从事活动，在活动中遇到疑难，提出一种或几种解决疑难的方案，并在活动中验证"假设"的效果。

这种教学法是以严密、完整的思想活动为基准，以有创新意义的实践练习活动为依托，从想法上开始努力，到问题得以必然顺利解决的过程，因而智力启动的源泉总是同儿童的学习和科学探究运动密切地联系着。

设计教学法的独特性就在于着重"由孩子（按一定的设计程序）自己去干，去想，去敲开知识的门径"，这便区别于仅仅强调"安排练习"的问题教学法。

按杜威的看法，"最有意义的经验"是在思维活动中获得的，而思维过程包括五个步骤：（1）疑难情境；（2）认清疑难所在；（3）提出解决疑难的假设；（4）进行推理；（5）验证假设。根据思维的这个规律，最好的教学是"从做中学"。以这一思维理论为基础设计教学法的内容是：由学生自发地决定学习目的和内容；让学生在自己设计的活动环境和活动内容中获得有关的知识，并形成解决实际问题的能力，教师的任务是利用环境激发学生的学习动机，帮助学生选择在设计活动所需的材料。所以，设计教学的一般程序为：（1）决定目的（包括引起动机）；（2）作出计划；（3）实行计划；（4）评价（或欣赏）；（5）验证。

设计教学法同一般教学法的本质区别在于：实际学习方法已同哲学、心理学、经验学、比较学等新特点的探索联系起来了。

智育中的设计教学，它的目的旨在间接地依靠一些活动来从事学习并且保证这种学习始终贯穿于教学中的一种积极的进程。进行这种有意义的活动时要注意两点：（1）控制小学生，吸引他们坚持到底的真正目的，并非老师通常要求的简单而又是最终的正确答案，而是获得一些具体、有形、有益、益智的结果或成就。（2）所谓完满的活动的本质就是要矢志不移地达到这一目的，即不论学到什么，都是活动的自然补充，而不是由小学生直接能够轻易得到的。

【案例】

一个学生的作业本用完了，在校外购买颇感不便，其他同学随便说了句："要是学校有商店多好啊！"教师马上抓住这个机会进行鼓励："我同意，大家谈谈这个问题吧。"（激发动机），全班同学便决定筹办商店（决定目的），首先讨论怎么办：地点？布置？卖些什么？资金来源？谁记账、谁卖货？（计划）；商量好后就分头去做（执行）；商店办起来后大家便谈论什么事做得好，什么事做得不好，谁出力，谁不出力（评价）。在这次活动中，要阅读章程的样本并自己制定出一份章程，要写广告、标签，要记账、算账，要研究贩卖货物的品种来源，还要动手布置，另外还得编一首歌来庆祝商店的成立，正是在这些活动中学生学到了阅读、写作、书法、算术、地理、图画、音乐等知识。

三、探究——研讨教学法

这种方法是当代美国哈佛大学教授兰本达所倡导的，并在美国广泛使用。他把教学过程分成两个阶段：第一阶段是探究。教师在开始上课时，先发给学生一些经精心设计、与所学的概念相联系的现实材料，让学生自己去摆弄和操作，使学生通过对这些具体实在的材料进行探究，从而感知材料中与科学概念有关的结构。第二阶段是研讨。即在学生探究的基础上，组织学生研讨，让学生讲出自己在探究中的发现，通过同学之间的分析、交流，集中大家的智慧，使每个学生所获得的形象丰满、完整，使探究中所观察到的形象内化成概念。由此可以看出，"探究"实际上是学生对事物的感性认识阶段，"研讨"则是学生对事物的理性认识阶段。探究越充分，研讨效果会越好；研讨越深入，建立的概念越准确。

【案例】

为了让学生获得植物根的知识，上课前，教师布置学生搜集各种植物的根的标本。上课后，教师先让学生取出芫荽（香菜）的根进行观察，提问题让学生讨论后回答：这一棵芫荽的所有根粗细一样吗？长短一样吗？学生一一回答后，教师引导学生归纳出：像这样的根粗细不一样，长短不一样，叫直根。最后让学生想一想，哪些植物的根是直根。教师再让学生取出大葱的根进行观察，同样提问题让学生讨论后回答：这一棵大葱的所有根粗细一样吗？长短一样吗？这样的根像什么？学生一一回答后，教师引导学生归纳出：像这样的根粗细一样，长短一样，像人的胡须一样，叫须根。最后让学生想一想，哪些植物的根是须根。

四、五段教学法

五段教学法是在德国教育家赫尔巴特提出的四阶段理论——说明、联想、系统、方法之后，由他的学生齐勒和莱因加工而成。所谓五段是指：

1. 预备——用回答问题的方式，使学生回忆过去的经验和有关事实，为学习新教材做准备。并说明学习目的，使学生知道所要解决的问题，从而产生一种期待解决问题的心理。

2. 提示——教师提出新教材或一些事实让学生观察。

3. 比较——用问答讨论的方法，把提示的材料加以分析说明，然后与旧经验相比较，分类并加以排列，找出相同和不同之处。

4. 总结——把分析比较的结果，综合概括成原则或结论。

5. 应用——给学生习题，让学生应用所得的原则或知识结论来解决问题，使他们对新知识、新原理有更新的了解，并验证其正确性。

这种教学方法充分发挥教师的主导作用，有助于学生积极主动地学习，因而曾在各国风行一时。

【案例】

《日食和月食》教学片断：

1. 预备阶段：

教师提问：什么东西绕着地球运行？（月球）地球又绕着什么运行？（太阳）有人说月食和日食是天狗把月亮或太阳吞下去了，这话对吗？（不对）那么，为什么会发生月食或日食现象呢？（学生不十分明白）我们今天就来研究月食和日食问题，好吗？（好）

2. 提示阶段：

（1）教师用三球仪演示，并指明在月望时，日、地、月在一条直线上，太阳射至月球之光，被地球所遮蔽，就成了月食。在日朔时，日、地、月在一条直线上，太阳射至地球之光，被月球所遮蔽，就成了日食。（2）指导学生观察月食和日食成因挂图，并加以说明。（3）指导学生阅读课文，并摘录出要点，作为研究的根据。遇到疑难问题教师加以解释说明。

3. 比较阶段：

（1）讨论：月球自己会发光吗？为什么有月食和日食？月食和日食一般在什么时候发生？日食有哪几种情况？（2）研究：月球是一种什么星？别的行星也有卫星吗？为什么月球上没有生物？（学生讨论研究情况略）

4. 总结阶段：

日食——月朔时，日、地、月在一条直线上，太阳射至地球之光，为月球所遮蔽。有日全食、日偏食、日环食三种情况。

月食——月望时，日、地、月在一条直线上，太阳射至月球之光，为地球所遮蔽。

5. 应用阶段：

笔答课后习题，绘制月食、日食成因图。用填充、选择等形式的测验题，考查学生了解的程度。发现共同性的错误在黑板上集体订正。

五、暗示教学法

暗示教学法是由保加利亚精神病疗法心理学家乔治·洛扎诺夫于20世纪60年代末70年代初首创的，以后由东欧各国传到苏联、美国、加拿大、法国、日本等国，近年，被介绍到我国。洛扎诺夫给暗示教学法下的定义是："创造高度的动机，建立激发个人潜力的心理倾向，从学生是一个完整的个体这个角度出发，在学习交流过程中，力求把各种无意识结合起来。"

暗示教学，就是对教学环境进行精心的设计，用暗示、联想、练习和音乐等各种综合方式建立起无意识的心理倾向，创造高度的学习动机，激发学生的学习需要和兴趣，充分发挥学生的潜力，使学生在轻松愉快的学习中获得更好的效果。其理论依据的要点有：（1）环境是暗示信息的重要而广泛的发源地；（2）人的可暗示性；（3）人脑活动的整体观；（4）创造力的假消极状态最易增强记忆，扩大知识，发展智力；（5）充分的自我发展，是人最根本的固有需要之一；（6）不愉快的事情往往不经意识就为知觉所抵制。贯彻此法有五个原则：（1）学生要有自信心，愉快而不紧张；（2）情感调节理智，无意识调节有意识；（3）设置情境，采用交际性练习，短期内学习大量教材；（4）借助母语翻译对比外语；（5）师生相互信任和尊重。

据称，该方法对所有年龄的人，效果都非常好，目前，许多国家在研究和使用。

【案例】

保加利亚的学校用之于为期一个月的外语教学。这类外语班一班最多12人，男女生各半。教室布置幽静，灯光柔和，桌椅舒适，排成半圆形。教师穿着整齐，危坐在末端。外语教师受过戏剧表演和心理的训练，能运用姿势和语调使学生理解语句的意思。外语课每周上6天，每天4小时，可分三部分：首先是通过会话、游戏和短剧等形式用直接法复习前次所学材料，鼓励学生依情境理解词句的意思，并用外语直接作出反应，不用机械操练。第二部分是用语法翻译法呈现新材料。一般是日常生活对话，情境连贯，可以表演。第三部分含积极注意和消极注意两阶段，各占25分钟。学生安静地坐在靠背椅上，全身放松。全班按瑜伽的调息，深吸两秒，屏气四秒，深呼两秒。教师用轻重缓急的声调朗诵课文。课文三句一组，分行排印。教师朗诵每组课文两秒，外语词句四秒，停顿两秒。学生听到外语词句时正好屏气四秒，高度集中，注视课文，默记词句。共约25分钟。在消极注意阶段，先放巴赫或海顿的深沉而有激情的交响乐片刻，然后放巴罗克音乐。每分钟60拍，以2/4或4/4拍最好，用以配合学生的呼吸节奏。教师用富于表情的声调朗诵对话，学生静听，闭目沉思，不作机械的复述，而是无意识地体会课文的整个内容。最后，以轻快的长笛乐声唤醒全班，结束半天而不感疲乏的外语学习。

六、达尔克洛兹教学法

此种方法是瑞士音乐教育家达尔克洛兹倡导的一种音乐教学法，亦称体态律动法。

达尔克洛兹主张以身体为乐器，通过身体动作，体验音乐的节奏速度、力度、时值等变化。身体的各部分如乐队中的各种乐器声部一般。体态律动是通过听觉与运动觉的结合达到心理和生理的和谐一致，尽管节奏在艺术中占压倒一切的优势地位，但不能把它错置于一般教育之上，而是心灵在指挥体态。节奏训练只是培养心灵的一条通道，所以人随着音乐的节奏、力度等不同要素作用下的体态也应是心灵的反映。体态律动能激发儿童的想象力，培养儿童的创造力。同时还能促进其他各门学科的学习，并能使学生在课堂上保持注意力高度集中，训练学生耳聪目明、反应敏捷。

【案例】

在学习一首歌曲时，当学生基本学会以后就按歌曲的节奏、速度、力度等进行体态训练。

1. 速度练习

用大幅度动作表示慢速度，小幅度动作表示快速度，根据各种速度渐快、渐慢的变化调整动作的幅度。

2. 力度练习

较强的力度用比较激烈的动作来表示；较弱的力度用比较平静些的动作来表示；渐强，渐弱、突强、突弱，通过对于动作力度及情感的控制来表现。

3. 装饰音练习

在学习回音时腕和手向外做轻快的旋转；听到波音时双脚轻快地一跳；颤音全身来个急转弯，如此等等。

七、柯达伊教学法

这种方法是匈牙利的音乐教育家、作曲家佐尔丹·柯达伊倡导的幼儿音乐教学法。

柯达伊以儿歌、民歌和大作曲家的音乐作品为教材，采用首调视唱体系、节奏——时值音节和"柯尔文手势"等工具，按照儿童自然发展的进程，从小三度进而至于五声音阶中的各音，再到大小调式的整个音阶进行教学。这样的音乐教学，符合儿童心理和动作技能发展的规律，有助于激发儿童学习音乐的兴趣，较好地发展音乐才能。当他们看到乐谱时，就能想象出声音，并能像阅读和书写文字那样流利地识谱和记谱。

柯达伊教学法的全过程自始至终为了将学生培养成热爱祖国、熟悉自己民族音乐语言的有较全面音乐修养的一代新人。其教法既符合儿童自然发展的法则，有很强的序列性，又是一个交错综合的有机整体。

柯达伊教学法结合积极的音乐活动来进行。在唱游、律动、齐唱、轮唱、合唱及学习匈牙利民族和世界优秀音乐作品的沃土之中，他非常重视歌唱教学，认为孩子的歌唱和说话是同样自然，通过这样一个人人都能进行的切实可行、容易奏效的活动，使每个人的歌喉更臻于完美；唱歌可以使音乐知识更深入人心；合唱可以培养训练多声部听觉；有团结、教育作用。

柯达伊认为，儿童学习音乐不应是作为谋生的手段，而应是生活的一个组成部分。他为普及全民的音乐教育设计了许多形象直观、切合实际的教学手段，如：首调唱、手势唱名、节奏时值字节读法、节奏及唱名简记法等。

【案例】

五声音阶教学。第一步，小三度（Mi—So）。第二步，La及其与So和Mi形成的音程。第三步，大调式的主音Do及其与Mi、So和La组成的音程。第四步，Re。第五步，高八度的Do。第六步，半音Fa和Si。

节奏教学。选择一个与法国视唱练耳中所用的体系相似的音节系统，即四分音符为 ta，八分音符为 ti。这些音节不是音名，只代表时值。教学时只用符干。除二分音符和全音符外，在读出节奏时都无需符头。

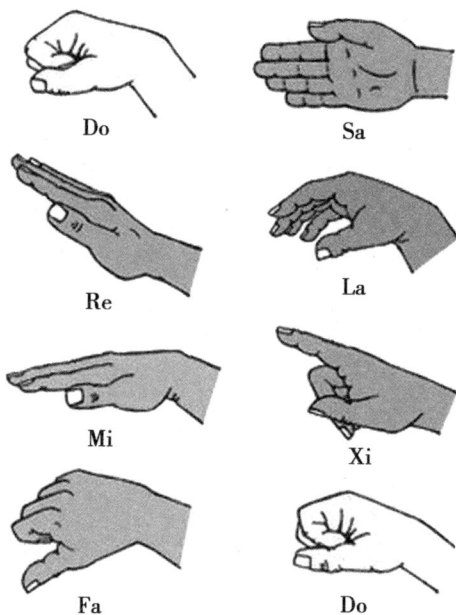

Do

Sa

Re

La

Mi

Xi

Fa

Do

这样形象直观眼看嘴唱，容易被学生接受，能引起学生的兴趣，提高反映能力。又如节奏与唱名简记法：不用五线谱就可以把音的高低、长短表示出来，学习时比较方便。

柯达伊教学法中的手势唱名法。在视唱教学中把音阶 Do Re Mi Fa Sa La Xi 分别用手不同的高度和手掌各种变化来表示。

八、愉快教学法

根据英国著名教育家斯宾塞提出的"快乐教育"思想，从学科特点出发，遵循学生心理发展的规律，采用生动活泼的教学方法，让学生在良好的情绪中通过丰富新颖的教学内容不断获取新知识，得到精神上的满足。它表现在教育内容的安排上，注意德、智、体、美、劳五育全面发展；表现在"教与学"的关系上，积极倡导"教师为主导，学生为主体"的师生双边活动；表现在教学形式上，摒弃单一的课堂教学形式，努力建立起以课堂教学为基础，课内外相结合的教育组织形式，来实施智能教育、情感教育、意志教育并重的整体人格教育。

"愉快教育"是近年来我国教育改革实践中的一种新探索。这是上海一师附小、北京一师附小、沈阳铁路五小等七所学校创立的一种教育模式。实施"愉快教育"减轻了小学生过重的课业负担，促进了学生在德智体诸方面生动活泼、主动的发展。"愉快教育"的实质是在教师的引导下，激起学生的学习兴趣和学习的自觉性，使学生都能成为学习的主人，满怀信心地进取向上。"愉快教育"是根据全面提高民族素质的要求，根据科学的人才观、质量观，探索育人的途径。

愉快教育涉及到教育思想、教学内容、原则、课程设置、教学方法、手段、评价等系列的改革。

愉快教育的基础在于改进课堂教学方法，实施愉快教学法。它是教师以爱生的情感，唤起学生对学习、对知识的爱，积极引导学生乐于学习，采用学生喜爱的学习方式组织学生学习，在"乐中育人"的一种教学方法。

现代教学论把学生的发展看作是智力因素和非智力因素共同作用的结果，以情感需要等为核心的一系列非智力因素，影响并制约着学生学习与发展的内在动力机制。正如苏联教育家斯卡特金所言："教师要用自己全部力量来把教学工作由学生沉重的负担变成欢乐鼓舞和全面发展的源泉。"实施愉快教学法，首先教师要"乐教"，"乐教"是"乐学"的前提，"乐学"是"乐教"的结果，教师要努力创造良好的课堂教学情境，把课上得生动有趣、有声有色，形成良好的课堂教学氛围，同时要确立学生的主体地位，把学习的主动权交给学生，鼓励学生自己思维，自己动手操作，做学习的主人。

【案例】

用愉快教学法教学生画公鸡。

教师用简练的几笔就勾画出一只公鸡，然后归结出画公鸡的 7 点要素：冠、嘴、眼、颈、尾、脚、翅，要 4 位小朋友上黑板画出 4 种不同的图形。这位艺术高超的老师按画公鸡要素依次在这 4 个不规则图形上添加几笔，画出了栩栩如生的 4 只公鸡，使学生为之一振，大大减少对画公鸡难的心理害怕状态。教师在观察学生画的过程中，没有批评哪一位学生画得不像，因为教师的教学目的是培养学生对绘画的了解和兴趣，而不是着眼培养 40 位画家。

然后要求每个学生把自己画的鸡剪下来，再贴到黑板上的一张画有养鸡场的大铅笔画纸上，每人当堂完成训练任务。尽管画的质量不很高，但贴到养鸡场内都千姿百态，成了一幅瑰丽的作品。教师还别具匠心地设计出用铅笔画纸和字纸篓合璧而成的立体鸡，背上开一个洞，要学生把剪下的碎纸片条揉起来作为颗粒饲料喂鸡。学生争先恐后，使教室干干净净。这种"寓德育于教学之中"是十分自然的，学生回家也没有负担，且得到一次美的享受。